Fit fürs Schöffenamt

ISBN 978-3-8305-3292-7

Hasso Lieber/Ursula Sens

Fit fürs Schöffenamt

Eine Orientierungshilfe zur gleichberechtigten Teilnahme an der Hauptverhandlung

Band 2
Das Strafverfahren:
Grundlagen, Beweisaufnahme, Strafen

Herausgegeben vom
Bundesverband ehrenamtlicher Richterinnen
und Richter e.V.

BWV • BERLINER WISSENSCHAFTS-VERLAG

Bibliografische Information der Deutschen Nationalbibliothek

Die Deutsche Nationalbibliothek verzeichnet diese Publikation in der Deutschen Nationalbibliografie; detaillierte bibliografische Daten sind im Internet über http://dnb.d-nb.de abrufbar.

ISBN 978-3-8305-3292-7

Die Autoren:

Hasso Lieber
Rechtsanwalt, ehem. Vorsitzender Richter am Landgericht Bochum, Staatssekretär für Justiz a.D., Vorsitzender des Bundesverbandes ehrenamtlicher Richterinnen und Richter e.V. und ehem. Präsident des Europäischen Netzwerkes der Organisationen Ehrenamtlicher Richter.

Ursula Sens
Diplom-Bibliothekarin in der Bibliothek des Landtags Nordrhein-Westfalen und seit 1994 Vorsitzende des Landesverbandes NRW der Deutschen Vereinigung der Schöffinnen und Schöffen e.V.

Einleitung

Im Mittelpunkt von Band 2 stehen Grundsätze und Ablauf des Strafverfahrens: Justiz- und Prozessgrundrechte für ein rechtsstaatliches und faires Verfahren, Beweisaufnahme, Beratung und Urteilsfindung, Sanktionensystem und Technik der Strafzumessung. Die Amts- und Landgerichte klären im Strafverfahren als Tatsachengerichte mutmaßliche Straftaten in tatsächlicher, aber auch rechtlicher Hinsicht auf. In der Hauptverhandlung muss deshalb zunächst der Tatvorwurf, wie er sich nach der Anklage darstellt, bewiesen werden. Wie der Sachverhalt, über den es zu urteilen gilt, festgestellt wird, welche Regeln für die Beweisaufnahme gelten, welche Grenzen der Erforschung der „Wahrheit“ gesetzt sind, welche Rechte Angeklagte, Verletzte und Zeugen haben und nach welcher Methode schließlich die gerechte und schuldangemessene Strafe gefunden wird, soll dieses Buch anhand praktischer Hinweise ohne große Wissenschaft vermitteln. Um Doppelungen zu vermeiden, wird auch auf „Fit fürs Schöffenamt“ Band 1 Bezug genommen.

Hinweise auf gesetzliche Vorschriften und Rechtsprechung dienen keiner juristischen Halbbildung, sondern allein dem Nachweis und der Überprüfung dieser Ausführungen. Schöffen sollen durch ihr Wissen ermutigt werden, eine aktive Rolle bei der Rechtsprechung einzunehmen – wie sie der Gesetzgeber anstrebt. Wenn nach dem Wortlaut des Gesetzes „das Gericht“ eine Entscheidung trifft, ist immer das Gericht in der Besetzung des jeweiligen Verfahrensabschnitts gemeint. Entscheidungen innerhalb der Hauptverhandlung sind demgemäß einschließlich der Schöffen, Entscheidungen außerhalb der Hauptverhandlung nur von den Berufsrichtern zu treffen.

Den Wortlaut der Rechtsvorschriften, die Leitsätze und Fundstellen der zitierten Entscheidungen, Links zu Zeitungs- und Buchzitaten sowie weitere Hinweise haben wir im Internet auf der Seite www.schoeffen.net für Sie bereitgestellt. Zitierte Aufsätze aus „Richter ohne Robe“ können über den Berliner Wissenschafts-Verlag unter www.bwv-verlag.de bezogen werden. Unter www.schoeffen.de finden Sie den Bundesverband ehrenamtlicher Richterinnen und Richter mit Zugang zu den Landesverbänden, wo Sie insbesondere Hinweise zu aktuellen Fortbildungsveranstaltungen erhalten.

Üblicherweise werden Zahlen bis 12 als Zahlwörter geschrieben. Der Klarheit halber werden im Buch alle Angaben zu Fristen und Sanktionen in Zahlen ausgedrückt.

Im Text ist überwiegend von „Schöffen“ die Rede. Fast 50 % der „Schöffen“ bundesweit sind weiblichen Geschlechts. Der Lesbarkeit halber wird der Begriff „Schöffen“ im Plural oder als sog. generisches Maskulinum verwendet. Schöffinnen sind (naturgemäß) in diesen Begriff eingeschlossen.

Inhaltsverzeichnis

Teil A Grundlagen des Strafverfahrens

Das Strafverfahren ist ein gesetzlich geordnetes Verfahren, in dem darüber entschieden wird, ob eine bestimmte Person eine konkret bezeichnete Straftat begangen hat. Teil A vermittelt die zum Verständnis des Verfahrensablaufs notwendigen Kenntnisse über Aufgaben und Ziele des Strafprozesses sowie die verfassungs- und strafverfahrensrechtlichen Grundsätze.

A.1 Übersicht über den Ablauf des Strafverfahrens

Das Strafverfahren im engeren Sinn (Erkenntnisverfahren) teilt sich in drei Abschnitte: Ermittlungs-, Zwischen- und Hauptverfahren mit Hauptverhandlung, in der das Gericht (einschließlich der Schöffen) über Schuld und Strafe des Angeklagten entscheidet. Nach Rechtskraft des Urteils übernimmt die Staatsanwaltschaft das Verfahren wieder zur Einleitung, Durchführung und Überwachung der Strafvollstreckung.

Ermittlungsverfahren
Beginn der Ermittlungen von Amts wegen bei Vorliegen eines Anfangsverdachts von einer Straftat; Ermittlung eines hinreichenden Tatverdachts; Beendigung durch Einstellung des Verfahrens oder Erhebung der Anklage

⇩

Zwischenverfahren
Beginn mit Einreichung der Anklageschrift; Gericht prüft hinreichenden Tatverdacht; Beendigung mit der Entscheidung über die Ablehnung oder Zulassung der Anklage zum Hauptverfahren

⇩

Hauptverfahren
Vorbereitung und Durchführung der Hauptverhandlung; Beendigung mit Einstellung oder einem Urteil, das mit einem Rechtsmittel angegriffen oder rechtskräftig wird

Ablauf des Erkenntnisverfahrens

A.2 Aufgaben des Strafprozesses

Der Strafprozess dient der Durchsetzung der materiellen Normen des Strafgesetzbuches und der strafrechtlichen Nebengesetze, die ein bestimmtes Tun (oder Unterlassen) unter Strafe stellen und den Strafrahmen festlegen. Ablauf und Organisation des Strafverfahrens sowie die Rechtsstellung der einzelnen Verfahrensbeteiligten sind im Strafprozessrecht geregelt.

Der Strafprozess verfolgt im Wesentlichen drei Ziele. Das erste besteht in der Verurteilung des Schuldigen bzw. dem Freispruch des Nichtschuldigen. Dazu müssen vom Gericht von Amts wegen alle Tatsachen und Beweismittel, die für die Entscheidung von Bedeutung sind, ermittelt werden (Sachverhaltserforschung). Das Gericht muss ein bestimmtes historisches Ereignis aufgrund von Beweisen und Indizien rekonstruieren, um zu beurteilen, ob es sich bei diesen Vorgängen um strafbare Handlungen handelt. Bei der Feststellung, was in der Vergangenheit geschehen ist, zieht das Gericht Schlussfolgerungen aus diesen Beweistatsachen (Beweiswürdigung). Zweites Ziel ist der Schutz des Angeklagten und anderer Beteiligter (z. B. der Zeugen) vor Willkür und staatlichem Übereifer (Rechtsstaatlichkeit des Verfahrens). Gesetzliche Regeln sollen sicherstellen, dass der Unschuldige nicht verurteilt und der Schuldige in einem fairen Verfahren überführt und einer gerechten Strafe zugeführt wird. In die persönliche Freiheit soll nicht mehr als unbedingt nötig eingegriffen werden (Verhältnismäßigkeit). Diese Rechte sind wegen ihrer Bedeutung teilweise im Grundgesetz geregelt; weitere Schutzrechte enthält die StPO. Rechtsstaatlichkeit heißt nicht nur, dass der staatliche Eingriff durch ein Gesetz legitimiert sein muss (formaler Rechtsstaatsbegriff). Er soll auch gerecht sein, also vor allem verhältnismäßig (geeignet, erforderlich und zumutbar); der Nutzen des Eingriffs muss größer sein als der zu erwartende Nachteil. Staatliches Handeln soll voraussehbar, berechenbar und transparent sein (materieller Rechtsstaatsbegriff). Das Verfahren soll aber auch den jeweiligen Beteiligten gerecht werden und sie nach ihren individuellen Motiven, Anlagen und sozialen Bindungen beurteilen. Dieses Bestreben kennzeichnet den sozialen Rechtsstaatsbegriff. Drittes Ziel ist die Beilegung sozialer Konflikte, die aufgrund einer Straftat entstanden sind; es soll Rechtsfrieden hergestellt werden. Das Urteil versöhnt die Gesellschaft, evtl. auch den Geschädigten, mit dem Straftäter und schützt sie – wenn nötig – vor ihm. Zur Durchsetzung dieser Ziele beruht das Strafverfahren auf bestimmten Grundsätzen. Diese ergeben sich aus der Verfassung, internationalen Verträgen und dem Strafprozessrecht.

A.3 Verfassungsrechtliche Grundsätze des Strafverfahrens

Das Grundgesetz enthält eine Reihe von Vorschriften, die auf das Strafverfahren unmittelbaren oder mittelbaren Einfluss haben. Das sind die allgemeinen Grundrechte (Art. 1 bis 19 GG) und das Rechtsstaatsprinzip (Art. 20 Abs. 3 GG) sowie die speziellen Justizgrundrechte (Art. 101 bis 104 GG). Die im Grundgesetz ausdrücklich geregelten Grundsätze des Strafverfahrens sind Ausdruck des Rechtsstaatsprinzips, das Schutz vor Willkür- und Überraschungsentscheidungen, Manipulation und Täuschung bietet und Waffengleichheit mit den staatlichen Organen sichert. Auch ungeschriebene Verfassungsgrundsätze wie das Verhältnismäßigkeitsprinzip wirken sich auf das Verfahren aus.

A.3.1 Allgemeine Grundrechte

Das Grundgesetz verbietet jede Form der unmenschlichen und erniedrigenden Behandlung (Art. 1 Abs. 1 GG). Erniedrigend ist eine Behandlung dann, wenn sie bei dem Betroffenen Gefühle der Angst, Beklemmung oder Unterlegenheit hervorrufen kann und geeignet ist, Menschen zu demütigen, verächtlich zu machen oder ihren physischen oder psychischen Widerstand zu brechen.

Das Recht auf **Leben und körperliche Unversehrtheit** (Art. 2 Abs. 2 GG) entzieht dem Staat grundsätzlich die Verfügung über Leben und Körper des Menschen. Auch im Strafverfahren selbst und im Anschluss daran entfaltet der Schutz des Art. 2 GG seine Wirkung. So darf ein wegen einer schweren Straftat in Deutschland verurteilter Ausländer nicht abgeschoben werden, wenn ihm im Ausland Folter oder Todesstrafe drohen. Eingriffe in die körperliche Unversehrtheit sind nur dann zulässig, wenn sie gesetzlich vorgesehen sind und unter Wahrung der Verhältnismäßigkeit vorgenommen werden, z. B. die Blutentnahme zur Bestimmung des Blutalkoholgehaltes.

Auch der allgemeine **Gleichheitssatz** (Art. 3 Abs. 1 GG) wirkt sich auf die Stellung des von einem Strafverfahren Betroffenen aus und ergänzt den Anspruch auf rechtliches Gehör (Art. 103 Abs. 1 GG). Der zur Verteidigung Unfähige hat einen Anspruch auf Unterstützung (z. B. durch die Pflichtverteidigung) oder durch Aufklärung durch das Gericht.

Art. 13 Abs. 1 GG schützt die **Unverletzlichkeit der Wohnung.** Der Verfassungsgeber hat Ausnahmen von diesem Schutz in das Grundgesetz geschrieben (Abs. 3, 4). Zur Abwehr schwerer Straftaten darf in Wohnungen abgehört werden; zur Abwehr einer dringenden Gefahr für die öffentliche Sicherheit, einer gemeinen oder Lebensgefahr dürfen technische Mittel von außerhalb zur Überwachung von Wohnungen eingesetzt werden. Auch Eingriffe in die Wohnung, die durch Ausspähen über das Internet möglich sind (z. B. durch Trojaner), stellen einen zulässigen Eingriff in die Unverletzlichkeit der Wohnung dar.

A.3.2 Justizgrundrechte

(a) Der **gesetzliche Richter** (Art. 101 Abs. 1 Satz 2 GG) wird durch die Regelungen des GVG und der StPO über das sachlich und örtlich zuständige Gericht sowie zur Zusammensetzung der einzelnen Spruchkörper bestimmt. Das Prinzip schützt den Angeklagten vor Manipulation der Zuständigkeit und der Besetzung des Gerichts (vgl. Bd. 1, S. 59 f.).

(b) Nach Art. 102 GG ist die **Todesstrafe** in Deutschland abgeschafft. Die Bestimmung ist eine konsequente Weiterführung des Art. 2 GG. Weder hat die Todesstrafe eine präventive (abschreckende) Wirkung, noch lässt sich ein später festgestellter Irrtum eines Gerichts korrigieren. Eine Sanktion, die keinen Nutzen hat, steht außerhalb jeden Verhältnisses zu einer (noch so schweren) Straftat.

(c) Vor jeder dem Angeklagten möglicherweise nachteiligen Entscheidung ist ihm die Gelegenheit zu geben, seine Auffassung zu äußern und ggf. Anträge zu stellen. Aus dem Grundsatz des **rechtlichen Gehörs** (Art. 103 Abs. 1 GG) folgt, dass der gerichtlichen Entscheidung nur solche Tatsachen, Beweisergebnisse und Äußerungen zugrunde gelegt werden dürfen, zu denen der Angeklagte Stellung nehmen konnte. Das Gericht muss die Äußerungen zur Kenntnis nehmen und in seine Entscheidungsfindung einbeziehen. Der Anspruch auf rechtliches Gehör ist weit auszulegen. Eine Verletzung dieses Grundsatzes begründet die Revision.

(d) Eine Tat kann nur dann verfolgt und bestraft werden, wenn die Strafbarkeit der Handlung zum Zeitpunkt der Tat durch ein gültiges Gesetz geregelt war – **keine Strafe ohne Gesetz** (Art. 103 Abs. 2 GG). Ohne dass ein Gesetz eine bestimmte Handlung unter Strafe stellt, kann man keine Straftat begehen und deshalb auch nicht bestraft werden. Das Strafgesetz kann auch nicht rückwirkend in Kraft gesetzt werden (Rückwirkungsverbot). Der Bürger muss wissen, welches Verhalten der Staat von ihm erwartet und welches Verhalten mit Strafe bedroht ist. Dieser Grundsatz schließt aus, dass eine Strafbegründung im Wege der Analogie[1] vorgenommen wird (Analogieverbot). Der Straftatbestand, den das Gesetz formuliert, muss klar erkennbar sein (Bestimmtheitsgebot). Bei Strafgesetzen müssen Tatbestände und Rechtsfolgen aus Gründen der Rechtssicherheit erkennen lassen, welches Verhalten sie vorschreiben oder untersagen. „Gummiparagrafen" sind verfassungswidrig und deshalb nichtig. Die Gesetzesgebundenheit gilt nicht nur für die Schaffung von Straftatbeständen, sondern auch für die Verschärfung von Strafen in bereits vorhandenen Strafgesetzen. Wird ein Strafgesetz nach der Begehung einer Tat im Strafmaß verschärft, muss der Täter noch nach dem früheren milderen Gesetz abgeurteilt werden. Wird umgekehrt das Gesetz nach Begehung der Tat abgemildert, ist das mildere Gesetz anzuwenden, weil das Rückwirkungsverbot nur bei Regelungen zum <u>Nachteil</u> des Betroffenen gilt.

Das BVerfG hat von dem Grundsatz „Keine Strafe ohne Gesetz" bei schweren Menschenrechtsverletzungen Ausnahmen zugelassen: Das Rückwirkungsverbot sei dann nicht anzuwenden, wenn die Handlung ein so schweres kriminelles Unrecht darstelle, dass die in der Völkergemeinschaft allgemein anerkannten Grundsätze gröblich missachtet würden. Zu diesen Grundsätzen gehören die Achtung des Rechts auf persönliche

1 Entsprechende Anwendung eines Gesetzes auf Sachverhalte, die von dem Gesetz zwar nicht erfasst werden, den gesetzlich geregelten in rechtlicher Hinsicht aber ähnlich sind.

Freiheit, Leben und Gesundheit sowie der Schutz vor grausamer und unmenschlicher Bestrafung (so auch Art. 7 Abs. 2 EMRK).

(e) Niemand darf wegen derselben Tat zweimal bestraft werden – **Verbot der Mehrfachbestrafung** (Art. 103 Abs. 3 GG). Unter „derselben" Tat versteht man das historische Ereignis, das bereits der früheren Verurteilung zugrunde lag. Der Grundsatz verbietet nicht nur die Bestrafung selbst, sondern bereits das erneute Einleiten eines Ermittlungsverfahrens wegen desselben Sachverhaltes. Auch ein rechtskräftig Freigesprochener kann wegen der Tat, für die der Freispruch erfolgte, nicht mehr belangt werden, es sei denn, es liegen Gründe für ein Wiederaufnahmeverfahren vor (§ 362 StPO). Das ist z. B. der Fall, wenn ein Zeuge in dem Verfahren, in dem der Angeklagte freigesprochen wurde, falsch ausgesagt hat, der Freigesprochene später ein Geständnis ablegt oder wenn sich ein Richter bei dem Urteil einer strafbaren Verletzung seiner Amtspflichten (etwa einer Rechtsbeugung) schuldig gemacht hat.

Das Verbot der Mehrfachbestrafung nach einem erledigten Gerichtsverfahren führt zu einem Verbrauch des Strafklageanspruches des Staates, nachdem mit bestimmten prozessualen Maßnahmen auf die Tat reagiert wurde. Bei einem rechtskräftig abgeschlossenen Strafverfahren ist dies regelmäßig der Fall. Auch eine Einstellung des Verfahrens nach § 153a StPO (siehe E.4) wegen eines Vergehens führt zu einem Verbrauch der Strafklage, es sei denn, es stellt sich später heraus, dass die Tat ein Verbrechen war. Bei einer Einstellung des Ermittlungsverfahrens durch die Staatsanwaltschaft wegen mangelnden Tatverdachts (§ 170 Abs. 2 StPO) tritt ein Strafklageverbrauch nicht ein. Die Ermittlungen können jederzeit bis zum Eintritt der Verjährung wieder aufgenommen werden. Das Verbot der Mehrfachbestrafung gilt auch bei Entscheidungen aller Gerichte in der EU (Art. 50 der Charta der Grundrechte der EU), in den Staaten des Schengen-Raumes für Verurteilungen aber nur soweit die Strafe vollstreckt ist oder gerade vollstreckt wird. Bei einer Verurteilung in Drittstaaten kann gegen den Betroffenen wegen derselben Tat in Deutschland noch einmal verhandelt werden; eine dort verbüßte Strafe kann auf die Vollstreckung der Strafe in Deutschland angerechnet werden.

(f) Jede Art von **Misshandlung** ist gegenüber Menschen, die sich in staatlichem Gewahrsam befinden, untersagt (Art. 104 Abs. 1 Satz 2 GG). Insbesondere verbieten das nationale Verfassungsrecht und die EMRK jede Anwendung von **Folter.** Der EGMR hat den Absolutheitsanspruch des Folterverbots betont, das unabhängig vom Verhalten des Betroffenen und der Motivation der Behörden gelte und keine Rechtfertigung oder Interessenabwägung zulasse, auch nicht im Fall eines staatlichen Notstandes oder einer Entführung, bei der das Leben der entführten Person gefährdet ist.[2] Die Frage, ob ein Rechtsgrundsatz oder ein Leben die höhere Geltung beanspruchen kann, muss jedoch immer wieder neu entschieden werden.

---

2 EGMR, Urteil vom 01.06.2010, Individualbeschwerde Nr. 22978/05 (Fall Gäfken), NJW 2010, S. 3145.

(g) Vorläufige **Freiheitsentziehungen** (Untersuchungshaft, einstweilige Unterbringung) und endgültige durch rechtskräftiges Urteil können nur von einem Richter angeordnet werden (Art. 104 Abs. 2 GG). Staatsanwaltschaft und Polizei haben das Recht, einen auf frischer Tat Ertappten oder einen Beschuldigten, gegen den Haftbefehl erlassen werden soll, (vorläufig) festzunehmen. Über die Fortdauer dieser vorläufigen Freiheitsentziehung entscheidet ein Richter, dem der Angeklagte spätestens bis zum Ablauf des auf die Festnahme folgenden Tages vorzuführen ist. Andernfalls ist der Betroffene freizulassen.

A.3.3 Verhältnismäßigkeit

Ebenfalls mit Verfassungsrang ausgestattet ist der Grundsatz der Verhältnismäßigkeit, wonach der mit einer Maßnahme verbundene Eingriff nicht außer Verhältnis zur Bedeutung der Sache und zum Tatverdacht stehen darf. Der Grundsatz der Verhältnismäßigkeit gilt nicht nur im Rahmen der prozessualen Mittel, sondern auch bei der Festsetzung der Strafe, z. B. wenn zur Bemessung der Geldstrafe die wirtschaftlichen Verhältnisse ermittelt werden. Verhältnismäßig ist eine Maßnahme, die einen legitimen öffentlichen Zweck verfolgt, geeignet, erforderlich und angemessen ist.

A.4 Prozessgrundsätze

Unterhalb der verfassungsrechtlich normierten Justizgrundrechte regeln StPO und GVG (im Jugendstrafverfahren auch das JGG) die Grundsätze, nach denen das Strafverfahren abläuft. Die rechtsstaatlich verfasste Strafjustiz basiert auf prozessualen Grundprinzipien, die den obersten Grundsatz jedes Strafverfahrens garantieren sollen: Der Angeklagte – gleichgültig welchen Delikts er beschuldigt wird – hat einen Anspruch auf ein faires Verfahren. Die Prozessgrundsätze sind notwendige Voraussetzung dafür, eine Strafe über einen Täter aussprechen zu können. Ein Strafprozess, der diese grundlegenden Voraussetzungen nicht beachtet, ist in der Gefahr, als reine Machtausübung in Willkür auszuarten. Die Verletzung eines dieser Prinzipien kann zur Aufhebung einer auf ihr basierenden Entscheidung führen.

A.4.1 Öffentlichkeit

Dieses Prinzip gewährleistet die Kontrolle der Öffentlichkeit über die Gerichte und verhindert eine Strafjustiz hinter verschlossenen Türen. Es ist jedoch einer Reihe von Einschränkungen unterworfen. Dies gilt etwa für Ton-, Bild- und Filmaufnahmen, die während der Hauptverhandlung untersagt sind. Außerhalb der Hauptverhandlung, wenn das Gericht den Saal betritt und die Verhandlung noch nicht eröffnet hat, gilt dieses gesetzliche Verbot nicht.

Ein **Ausschluss der Öffentlichkeit** während der Hauptverhandlung ist zulässig, wenn das Interesse an der Nichtverbreitung der verhandelten Tatsachen größer ist als das Interesse an vollständiger Öffentlichkeit des Verfahrens. Dies gilt bei allen Verfahren gegen Jugendliche (§ 48 JGG). In den Verfahren gegen Erwachsene und Heranwachsende kann die gesamte Öffentlichkeit für die Hauptverhandlung oder Teile davon ausgeschlossen werden, wenn

- über die Unterbringung des Angeklagten in einem psychiatrischen Krankenhaus oder einer Entziehungsanstalt verhandelt wird (§ 171a GVG);
- die Privatsphäre eines Betroffenen zu schützen ist (vor allem bei Sexualdelikten), „soweit nicht das Interesse an der öffentlichen Erörterung dieser Umstände überwiegt“ (§ 171b GVG);
- eine Gefahr für die Staatssicherheit, die öffentliche Ordnung oder die Sittlichkeit besteht (§ 172 Nr. 1 GVG);
- Zeugen und andere Personen (z. B. verdeckte Ermittler) gefährdet sind (§ 172 Nr. 1a GVG);
- Privat-, Geschäfts-, Betriebs-, Erfindungs- oder Steuergeheimnisse verhandelt werden (§ 172 Nr. 2, 3 GVG);
- Personen unter 18 Jahren vernommen werden (§ 172 Nr. 4 GVG).

In folgenden Fällen können einzelne Personen von der Verhandlung ausgeschlossen werden:

- Der Zutritt zum Gerichtssaal kann nicht erwachsenen und solchen Personen versagt werden, die in einer der Würde des Gerichts nicht entsprechenden Weise erscheinen (§ 175 Abs. 1 GVG). Aber nicht jeder, der den Geschmack des Gerichts hinsichtlich Kleidung oder Haartracht nicht trifft, verletzt die Würde des Gerichts – ein Begriff, der ohnehin nur schwer zu definieren ist.
- Wegen Ungehorsams und Ungebühr können Parteien, Angeklagte, Zeugen und Sachverständige sowie bei der Verhandlung nicht beteiligte Personen (Zuhörer, Pressevertreter) ausgeschlossen werden (§§ 177, 178 GVG). Der Ausschluss ist sorgfältig zu bedenken. Bei unberechtigtem Ausschluss auch nur eines Zuhörers kann das Urteil wegen Verstoßes gegen den Grundsatz der Öffentlichkeit aufgehoben werden.

Die Urteilsverkündung muss in jedem Fall öffentlich sein (§ 173 Abs. 1 GVG). Das Gericht kann beschließen, für die Verkündung der Urteilsgründe (nicht des Urteilstenors) die Öffentlichkeit auszuschließen (§ 173 Abs. 2 GVG).

A.4.2 Mündlichkeit und Unmittelbarkeit

Für die Öffentlichkeit des Strafprozesses ist die Mündlichkeit eine notwendige Voraussetzung. Sie gewährleistet eine unmittelbare Kommunikation zwischen den Verfahrensbeteiligten sowie den Zeugen und Sachverständigen, die auch von den Zuhörern verfolgt werden kann. Das Mündlichkeitsprinzip soll dem Angeklagten die Verständigung mit den anderen Verfahrensbeteiligten erleichtern.

Der Unmittelbarkeitsgrundsatz (§ 250 StPO) bedeutet, dass das Gericht sich aufgrund des persönlichen Eindrucks, den es vom Angeklagten und den Beweismitteln gewinnt, sein Urteil bilden soll und seine Erkenntnisse aus der „Primärquelle" nehmen muss. Das Urteil darf nur auf Umstände gestützt werden, die in der Hauptverhandlung vorgetragen worden sind. Das Urteil ist aus dem „Inbegriff der Verhandlung" zu schöpfen und darf nicht auf den Akteninhalt gestützt werden (§ 261 StPO). Der Grundsatz verbietet die Verwertung privaten Wissens der Richter. Wenn solches von Bedeutung für die Urteilsfindung ist, muss der betreffende Richter als Zeuge aussagen, ist dann allerdings vom Richteramt ausgeschlossen (§ 22 Nr. 5 StPO). Das Gericht darf sich kein Wissen außerhalb der Hauptverhandlung verschaffen. Auch die Verwertung amtlichen Wissens, das außerhalb der Beweisaufnahme erlangt wird, ist unzulässig. Der Grundsatz der Unmittelbarkeit verlangt die vollständige und ununterbrochene Anwesenheit aller Richter während der Hauptverhandlung. Dazu gehört nicht allein die körperliche Präsenz. Das Urteil wird auch bei bloß „geistiger Abwesenheit" aufgehoben, da das Gericht dann falsch besetzt ist (§ 338 Nr. 1 StPO). Hierzu gehören der schlafende Richter wie der alkoholisierte Schöffe.

A.4.3 Anklageprinzip

„Wo kein Kläger, da kein Richter", sagt ein Rechtssprichwort. Auf den heutigen Strafprozess übertragen heißt dies, dass das Gericht nur über Taten und Täter verhandeln kann, die von der Staatsanwaltschaft angeklagt wurden. Das Anklageprinzip, auch Akkusationsprinzip (lat., accusare = anklagen) genannt, bestimmt und begrenzt den Verfahrensgegenstand für das Gericht in sachlicher (Tat) und persönlicher (Täter) Hinsicht. Die Verhandlung darf sich nur auf die in der Anklage bezeichneten Taten und Personen erstrecken. In der Hauptverhandlung hat dieses Prinzip dann Bedeutung, wenn der Angeklagte plötzlich eine „Lebensbeichte" ablegt und weitere Taten zugibt oder ein Zeuge mehr Taten schildert, als in der Anklageschrift aufgeführt sind. Das Gericht kann erst über diese zusätzlichen Taten verhandeln, wenn die Staatsanwaltschaft eine Nachtragsanklage erhoben hat. Das Gleiche gilt, wenn ein Beteiligter im Zusammenhang mit dem laufenden Prozess eine Straftat begeht, etwa eine falsche uneidliche Aussage macht. Wird während der Hauptverhandlung im Gerichtssaal eine Straftat begangen, hat das Gericht den Tatbestand im Protokoll festzustellen und der Staatsanwaltschaft zu übersenden (§ 183 GVG).

A.4.4 Amtsermittlungsgrundsatz (Offizialprinzip)

Straftaten sind grundsätzlich „von Amts wegen" zu verfolgen (§§ 160 Abs. 1, 163 Abs. 1 StPO), unabhängig davon, ob eine Anzeige erstattet wird. Von diesem Grundsatz gibt es Ausnahmen und Einschränkungen. Bei Antragsdelikten wie z. B. Hausfriedensbruch (§ 123 StGB), Beleidigung (§§ 185 ff. StGB) oder Sachbeschädigung (§ 303 StGB) tritt die Verfolgung nur auf Antrag des Verletzten ein. Privatklagedelikte (§ 374 StPO) berechtigen den Verletzten, die Anklage vor dem Strafrichter zu erheben und zu vertreten. Allerdings kann der Staatsanwalt bei einigen Delikten die Verfolgung von Amts wegen übernehmen, wenn ein besonderes öffentliches Interesse an der Strafverfolgung besteht (klassisches Beispiel ist die fahrlässige Körperverletzung im Straßenverkehr). Die Ermächtigungsdelikte stellen die Strafverfolgung in das Ermessen der zuständigen politischen Organe, z. B. bei Verunglimpfung des Bundespräsidenten oder des Staates und seiner Symbole (§§ 90, 90a StGB).

Die **richterliche Aufklärungspflicht** zwingt dazu, alle belastenden und entlastenden Umständen von Amts wegen zu ermitteln (§ 244 Abs. 2 StPO). Das Gericht muss so lange Beweise erheben, wie Anhaltspunkte vorhanden sind, die das gewonnene Bild noch verändern können. Dabei ist es nicht darauf angewiesen, dass Staatsanwaltschaft oder Verteidigung Beweisanträge stellen, sondern es ist per se verpflichtet, alles zur Aufklärung Notwendige zu tun. Selbst ein Geständnis des Angeklagten bindet das Gericht nicht. Es ist frei, trotzdem die Beweisaufnahme weiterzuführen – auch mit dem Ziel, evtl. das Geständnis des Angeklagten zu widerlegen. Die vollständige Ermittlung des für das Urteil relevanten Sachverhalts ist zwingende Voraussetzung für andere Prozessgrundsätze. So kann der Grundsatz „Im Zweifel für den Angeklagten“ erst dann greifen, wenn das Gericht alle Möglichkeiten ausgeschöpft hat, den Sachverhalt zu klären und damit Zweifel auszuschließen. Auch das Prinzip der freien Beweiswürdigung setzt voraus, dass das Gericht alle relevanten Umstände, die auf Schuld oder Nichtschuld des Angeklagten schließen lassen, ermittelt hat. Dieser Grundsatz hat seine Grenzen. **Offenkundige Tatsachen** muss das Gericht nicht erforschen (§ 244 Abs. 3 Satz 2 StPO). Dazu zählen

- allgemeinkundige Tatsachen, von denen verständige Menschen Kenntnis haben oder über die man sich aus allgemein zugänglichen Quellen wie Lexika, Fahrplänen, Straßenkarten usw. informieren kann. Von allgemeinkundigen Tatsachen müssen nicht alle Menschen Kenntnis haben; es reicht aus, wenn die Offenkundigkeit auf einen bestimmten Personenkreis beschränkt ist;
- gerichtskundige Tatsachen, von denen die Richter dienstlich zuverlässig Kenntnis erhalten haben.

Offenkundige Tatsachen werden zwar im Urteil ohne Beweisaufnahme verwertet, müssen aber vom Gericht in der Hauptverhandlung erörtert werden. Eine Ausnahme besteht nur dann, wenn die Tatsachen keiner weiteren Erörterung bedürfen, weil sie selbstverständlich sind. Ist eine im Allgemeinen offenkundige Tatsache im Einzelfall nicht offenkundig, weil es sich um einen atypischen Fall handelt, ist auch der Gegenbeweis zulässig (z. B. die offenkundige Tatsache aus dem Fahrplan, dass ein Zug um eine bestimmte Uhrzeit eintrifft, wird durch eine Auskunft widerlegt, dass sich der Zug am Tag der Tat verspätet hat).

A.4.5 Legalitäts- und Opportunitätsprinzip

Nach dem Legalitätsprinzip ist die Staatsanwaltschaft grundsätzlich verpflichtet, alle Straftaten zu verfolgen, sofern ausreichende tatsächliche Anhaltspunkte vorliegen (§ 152 Abs. 2 StPO). Ziel ist es, die Wahrheit zu erforschen, um auf dieser Grundlage die Entscheidung über Schuld oder Nichtschuld und die daraus zu ziehenden rechtlichen Folgerungen treffen zu können. Der Staatsanwalt, der von der Begehung einer Straftat erfährt, ist gezwungen, diese zu verfolgen. Tut er dies schuldhaft nicht, kann er wegen Strafvereitelung im Amt bestraft werden (§ 258a StGB). Das Legalitätsprinzip sichert die Einheit und Gleichheit der Rechtsanwendung gegenüber willkürlicher Selektion und gewährleistet das Vertrauen in eine Gleichbehandlung bei der Strafverfolgung. Der Zwang zur Strafverfolgung wird durch das Opportunitätsprinzip, das aus dem Grundsatz der Verhältnismäßigkeit folgt, durchbrochen. Danach kann im Einzelfall von der Verfolgung abgesehen und das Verfahren eingestellt werden (siehe E.4).

A.4.6 Beschleunigungsgrundsatz

Das Beschleunigungsgebot soll für eine zügige Erledigung des Verfahrens sorgen. Es ergibt sich aus Art. 6 EMRK und der Fürsorgepflicht des Gerichts. Die StPO greift diesen Grundsatz in § 229 Abs. 1 StPO auf. Danach darf ein Verfahren nicht länger als 21 Tage unterbrochen werden; ansonsten muss es von vorne beginnen (§ 229 Abs. 4 StPO).

Von diesem Grundsatz gibt es zwei Ausnahmen:

- Haben in einem Umfangsverfahren mindestens 10 Hauptverhandlungstage stattgefunden, darf die Hauptverhandlung bis zu 1 Monat unterbrochen werden (§ 229 Abs. 2 StPO).
- Kann ein Angeklagter oder Richter krankheitsbedingt nicht zur Hauptverhandlung erscheinen, ist die Frist der Unterbrechung bis zu 6 Wochen gehemmt, wenn die Hauptverhandlung bereits an 10 Tagen stattgefunden hat (§ 229 Abs. 3 StPO).

A.4.7 Selbstbegünstigungsprinzip

Kein Beschuldigter muss an seiner eigenen Verurteilung mitwirken; er darf für sich alles tun, um der Strafe zu entgehen. Dieser Grundsatz wird aus Art. 2 Abs. 1, Art. 1 Abs. 1 GG und dem Rechtsstaatsprinzip abgeleitet. Deshalb hat der Beschuldigte ein Schweigerecht (§§ 136 Abs. 1, 163a Abs. 4, 243 Abs. 5 Satz 1 StPO) und der Zeuge darf die Antwort verweigern, wenn er sich mit der wahrheitsgemäßen Beantwortung der Gefahr einer strafrechtlichen Verfolgung aussetzt (§ 55 Abs. 1 StPO).

A.4.8 Grundsatz des fairen Verfahrens, gerichtliche Fürsorgepflicht

Bei der prozessualen Fürsorgepflicht handelt es sich um einen aus dem Rechtsstaatsprinzip entwickelten ungeschriebenen Verfahrensgrundsatz; der Grundsatz des fairen Verfahrens ist in Art. 6 Abs. 1 Satz 1 EMRK geregelt. Das Strafverfahren orientiert sich an den Prinzipien von Gerechtigkeit, Vernunft und Mäßigung der strafenden Gewalt des Staates. Z. B. werden Entscheidungen über die Zurückweisung von Fragen an Zeugen oder über einen Beweisantrag unter dem Primat der Fairness gegenüber einem Angeklagten oder Zeugen getroffen. Daraus folgt auch die Pflicht des Gerichts, den Angeklagten zu informieren, wenn sich seine Auffassung über die rechtliche Bewertung der Tat ändert (§ 265 Abs. 1 StPO). So kann sich im Laufe der Beweisaufnahme z. B. ergeben, dass die Körperverletzung vorsätzlich und nicht wie angeklagt fahrlässig begangen wurde.

Wenn sich die Änderung der Auffassung des Gerichts erst nach Ende der Hauptverhandlung in der Beratung herausbildet, muss das Gericht in die Verhandlung neu eintreten und der Angeklagte kann die Aussetzung der Hauptverhandlung beantragen, wenn er seine Verteidigung auf die neue Auffassung einstellen will (§ 265 Abs. 3 StPO). Zieht das Gericht die Verhängung von Maßregeln der Besserung und Sicherung in Betracht, die in der Anklageschrift nicht enthalten sind, besteht ebenfalls eine Hinweispflicht (§ 265 Abs. 2 StPO).

Der Hinweis muss so gehalten sein, dass sich der Angeklagte dagegen sachgemäß verteidigen kann. Wenn der Angeklagte z. B. keinen Verteidiger hat, genügt nicht die Nennung der neuen Strafvorschrift, sondern sie muss erläutert werden. Der durchschnittliche Angeklagte wird zwischen Diebstahl und Unterschlagung oder Mord und Totschlag kaum unterscheiden können. Diese Unterschiede müssen ihm erklärt werden. Kein Fall des rechtlichen Hinweises liegt vor, wenn sich durch die Beweisaufnahme völlig neue (strafbare) Lebenssachverhalte ergeben, die in der Anklage nicht enthalten sind. Dann muss eine Nachtragsanklage erhoben werden.

A.4.9 Unschuldsvermutung

Jeder Angeklagte gilt bis zur Rechtskraft einer Verurteilung als unschuldig (Art. 6 Abs. 2 EMRK). Dieser Grundsatz hat Verfassungsrang. Zwar muss der Angeklagte alle zulässigen Maßnahmen über sich ergehen lassen, die nach der EMRK und dem deutschen Strafverfahrensrecht dem Nachweis der Schuld dienen. Diese Maßnahmen sind nur in dem Umfang zulässig, wie sie für den Nachweis der Schuld unbedingt erforderlich sind. Das Prinzip soll den Angeklagten vor Nachteilen schützen, die einem Schuldspruch oder einer Strafe gleichkommen (Vorverurteilung). Nur das Ergebnis der Hauptverhandlung versetzt den Richter in die Lage, einen Schuldspruch zu fällen. Allerdings gilt das Prinzip nur im Verhältnis zu den staatlichen Institutionen. Gegen Vorverurteilungen der Presse helfen nur presse- und zivilrechtliche Instrumente wie z. B. Gegendarstellung, Anspruch auf Schadenersatz.

A.4.10 Im Zweifel für den Angeklagten

Der sog. Zweifelssatz (lat., in dubio pro reo) ist nicht ausdrücklich in der StPO formuliert, aber gleichwohl ein tragender Satz des Strafprozesses. Er ergibt sich aus dem Grundsatz der freien Beweiswürdigung. Hat der Richter keine Gewissheit über das Vorliegen einer Tatsache, die den Angeklagten belastet, kann er seine Überzeugung nicht auf diese Tatsache stützen. Bei Zweifeln ist immer die dem Angeklagten günstigere Tatsache zu unterstellen. Auf bloße Schuldvermutungen darf der Richter sein Urteil nicht gründen. Der Grundsatz setzt vernünftige Zweifel voraus; die bloße abstrakte Vermutung, es könne theoretisch auch „alles ganz anders gewesen sein", reicht für einen vernünftigen Zweifel nicht aus. Wie das Gericht diese Zweifel durch Beweise ausräumen kann, muss es im Einzelfall entscheiden.

Der Grundsatz, im Zweifel immer das für den Angeklagten Günstigere anzunehmen, ist auf alle Umstände im Zusammenhang mit der Schuld und der Strafzumessung anzuwenden. Beruft sich der Angeklagte z. B. auf ein Alibi und kann ihm dieses nicht widerlegt werden, genügt das für einen Freispruch. Bestehen Zweifel an der Schuldfähigkeit, ist von Schuldunfähigkeit auszugehen.

Auf die Beurteilung von Verfahrensfragen ist der Zweifelssatz nicht anzuwenden. Der Angeklagte muss in diesem Fall die für ihn günstigen Tatsachen nachweisen, z. B. wenn er behauptet, das bei der Polizei abgelegte Geständnis dürfe nicht verwertet werden, weil er nicht über sein Schweigerecht belehrt worden sei.

Praxistipps

- Schöffen tragen (auch) Verantwortung für ein rechtsstaatliches und faires Verfahren. Ohne besondere Rechtskenntnisse lassen sich mit der Antwort auf die Frage „Ist die Maßnahme fair?" Verfahrensprobleme beurteilen.
- Sie haben eine Kontrollfunktion hinsichtlich der Mündlichkeit und Unmittelbarkeit, weil ihnen aufgrund fehlender Aktenkenntnis auffällt, wenn ein Umstand bei der Urteilsberatung eine Rolle spielt, der in der Beweisaufnahme nicht zur Sprache gekommen ist (also auf der Aktenkenntnis der Berufsrichter beruht).
- Um dieser Kontrollfunktion nachzukommen, müssen sie der Verhandlung aufmerksam folgen und über die für sie wichtigen Umstände Aufzeichnungen machen.
- Sowohl bei prozessualen Fragen als auch bei der Beurteilung von Schuld und Strafe müssen sie Unparteilichkeit und Neutralität wahren und dürfen sich nicht von Vorverurteilungen in Medien und Öffentlichkeit beeinflussen lassen.

Teil B Das Sanktionensystem

Teil B stellt den Katalog der möglichen Sanktionen im zweispurigen System von Strafen und Maßregeln der Besserung und Sicherung sowie die Nebenstrafen und Nebenfolgen dar. Die Technik der Strafzumessung wird in Teil G erläutert.

B.1 Übersicht über das Sanktionensystem

Lässt sich die Schuld des Angeklagten nicht zweifelsfrei nachweisen, ist auf Freispruch zu entscheiden. Eine Unterscheidung zwischen einem Freispruch „mangels Beweisen“ und wegen „erwiesener Unschuld“ gibt es nicht (mehr). Als *Jörg Kachelmann* vom Vorwurf der Vergewaltigung freigesprochen wurde, war in den Medien vom „Freispruch 2. Klasse“ die Rede (*Alice Schwarzer* sprach sogar vom „Freispruch 3. Klasse“).[3] Solche Äußerungen stellen eine grobe Missachtung rechtsstaatlicher Grundsätze dar. Die große Mehrheit aller Freisprüche erfolgt, weil man dem Täter die Tat nicht mit der erforderlichen Sicherheit nachweisen kann. Dass sich die völlige Unschuld des Angeklagten in der Hauptverhandlung erweist, ist eher selten.

Strafen	**Maßregeln der Besserung und Sicherung**
Geldstrafe	**Freiheitsentziehende Maßregeln** Unterbringung in • einem psychiatrischen Krankenhaus • einer Entziehungsanstalt • in der Sicherungsverwahrung
Freiheitsstrafe	
Nebenstrafen, Nebenfolgen	**Freiheitsbeschränkende Maßregeln** • Führungsaufsicht • Entziehung der Fahrerlaubnis • Berufsverbot

Zweispurigkeit des Strafrechts

3 *Alice Schwarzer*, „Das Urteil hinterlässt einen bitteren Beigeschmack“, Bild vom 31.05. 2011; *David Klaubert*, In dubio pro Kachelmann, Frankfurter Allgemeine Zeitung vom 31.05.2011.

Für den Fall der Verurteilung hält das StGB eine Bandbreite von Sanktionen bereit. Das deutsche Strafrecht ist „zweispurig". Während die Strafe an die Schuld des Täters knüpft, stellt die Maßregel auf seine Sozialgefährlichkeit ab. Das zur Verfügung stehende Sanktionspotenzial lässt sich wie folgt gliedern:

- Verwarnung mit Strafvorbehalt
- Absehen von Strafe
- Strafen im engeren Sinne:
  - Geldstrafe, Ersatzfreiheitsstrafe
  - Freiheitsstrafe, evtl. unter Strafaussetzung zur Bewährung
  - Nebenstrafen (Fahrverbot, Verbot der Jagdausübung)
  - Nebenfolgen (Verlust der Amtsfähigkeit, der Wählbarkeit und des Stimmrechts)
- Maßregeln der Besserung und Sicherung
- Verfall und Einziehung.

B.2 Verwarnung mit Strafvorbehalt

Bei der Verwarnung mit Strafvorbehalt (§ 59 StGB) handelt es sich nicht um eine Strafe. Das Gericht verwarnt den Angeklagten und behält eine der Höhe nach bestimmte Geldstrafe bis zu 180 Tagessätzen vor. Diese wird jedoch erst endgültig festgesetzt, wenn der Angeklagte erneut straffällig wird. Nach Ablauf der Frist von mindestens 1 Jahr, höchstens 2 Jahren, in der sich der Angeklagte straffrei zu führen und ggf. weitere Auflagen zu erfüllen hat, stellt das Gericht fest, dass es mit der Verwarnung sein Bewenden hat. Die Geldstrafe muss dann nicht bezahlt werden.

Voraussetzungen für die Verwarnung sind:

- Das Gericht muss die Prognose stellen, dass der Täter auch ohne eine Verurteilung keine Straftat mehr begehen wird.
- Es müssen besondere Umstände in der Tat <u>und</u> der Person des Täters festgestellt werden, die nahelegen, auf die Bestrafung zu verzichten. Die Praxis dehnt diese Merkmale jedoch aus und lässt besondere Umstände in der Tat <u>oder</u> der Person ausreichen.
- Eine Verwarnung ist ausgeschlossen, wenn eine Bestrafung zur Verteidigung der Rechtsordnung geboten ist.

Die Verwarnung mit Strafvorbehalt wird selten angewandt, obwohl sie kriminalpolitisch eine große Bedeutung hat. Besonders bei Bagatellkriminalität oder Taten, in denen eine Geldstrafe unangebracht ist (z. B. bei Unterhaltspflichtverletzung), sollte die „Verwarnung" häufiger eingesetzt werden. Sie kann mit Auflagen und Weisungen verbunden werden und bietet sich auch dann an, wenn eine vorläufige Einstellung nach § 153a StPO an der mangelnden Zustimmung der Staatsanwaltschaft scheitert.

Die Verwarnung wird nicht in ein polizeiliches Führungszeugnis eingetragen (§ 32 Abs. 2 Nr. 1 BZRG). Untechnisch ausgedrückt könnte man die Verwarnung als „Geldstrafe zur Bewährung" bezeichnen. Sie ist aber eben keine Strafe. In ihren Auswirkungen kommt sie einer Bewährungssanktion nahe, weil der Verurteilte durch Wohlverhalten die Befreiung von der Sanktion erlangen kann.

B.3 Absehen von Strafe

In den Fällen, in denen der Täter von den Folgen seiner Tat selbst so schwer getroffen ist, dass eine Bestrafung offensichtlich ihren Zweck verfehlen würde, hat das Gericht die Möglichkeit, von Strafe abzusehen (§ 60 StGB). Es bleibt dann bei der Feststellung, dass der Angeklagte sich einer Straftat schuldig gemacht hat, von der Festsetzung einer Strafe aber abgesehen wird. Voraussetzung ist, dass keine Freiheitsstrafe von mehr als 1 Jahr für diese Straftat zu verhängen wäre.

Nicht nur die unmittelbaren Folgen, auch mittelbare Folgen können zu einem Absehen von Strafe führen, etwa die Kündigung des Arbeitsplatzes wegen der Straftat. Schäden eines Dritten (z. B. Angehörigen) können für den Täter ebenfalls eine schwere Folge darstellen, die dazu führen kann, von Strafe abzusehen. Von Strafe abgesehen werden kann auch bei tätiger Reue (siehe G.2.3.3), wenn das Opfer den Täter provoziert hat, z. B. bei sexuellem Missbrauch von Schutzbefohlenen oder bei Aufklärungshilfe (siehe G.2.2.1). Wird eine Beleidigung auf der Stelle erwidert, kann von Strafe abgesehen werden (§ 199 StGB).

Beispiele:
a. Bei dem vom Angeklagten verschuldeten Unfall kommt dessen eigenes Kind ums Leben.
b. Die Mutter versucht, mit ihrem Kind aus dem Leben zu scheiden, wobei das Kind stirbt, die Mutter aber gerettet wird.
c. Der Brandstifter, der eine Scheune in Brand gesetzt hat, erleidet dabei schwerste Verbrennungen, die ihn zeitlebens entstellen.

B.4 Geldstrafe, Ersatzfreiheitsstrafe

Die Geldstrafe (§§ 40 ff. StGB) ist die mit Abstand am häufigsten verhängte Strafe. Sie soll den Wohlhabenden ebenso treffen wie den Einkommensschwachen. Die Geldstrafe wird deshalb nach dem sog. Tagessatzsystem bemessen (siehe G.4). Die <u>Anzahl</u> der Tagessätze richtet sich nach der Schuld des Täters und beträgt für eine Straftat mindestens 5, höchstens 360 Tagessätze (§ 40 Abs. 1 Satz 2 StGB). Kommen mehrere Taten gleichzeitig zur Aburteilung, kann eine Gesamtstrafe bis zu 720 Tagessätzen verhängt werden (§ 54 Abs. 2 StGB). Die <u>Höhe</u> des einzelnen Tagessatzes richtet sich nach den persönlichen und wirtschaftlichen Verhältnissen des Angeklagten (§ 40 Abs. 2 StGB); die Mindesthöhe beträgt 1,– € (Mindestgeldstrafe also 5 x 1,– €), der Höchstbetrag

5.000,– €, sodass die höchstmögliche Geldstrafe 3,6 Mio. € beträgt (720 x 5.000,– €). Die Faustformel zur Berechnung lautet: Nettoeinkommen minus Unterhaltspflichten minus besondere Belastungen dividiert durch 30 = Höhe des Tagessatzes. Verweigert der Angeklagte Angaben zu seinem Einkommen, kann das Gericht aufgrund sonstiger Umstände wie Beruf, Alter, Familienstand das Einkommen schätzen.

Das Gericht hat bei der Wahl des Strafrahmens darauf zu achten, welche weiteren Folgen durch die Zahl der Tagessätze eintreten. Bereits im Urteil kann anstelle einer uneinbringlichen Geldstrafe eine Ersatzfreiheitsstrafe (§ 43 StGB) festgesetzt werden. Ein Tagessatz entspricht dabei 1 Tag Freiheitsstrafe. Es reicht nicht aus, dass der Verurteilte nicht zahlen will, sondern nicht zahlen kann. Wer finanzielle Mittel hat und nicht zahlen will, wird gepfändet. Nur der Mittellose muss an Stelle der Geldstrafe, die er nicht zahlen kann, ersatzweise eine Freiheitsstrafe verbüßen. Dies führt dazu, dass ein zu einer Geldstrafe (zahlungsunfähiger) Verurteilter eher im Strafvollzug landen kann als derjenige, der zu einer Freiheitsstrafe auf Bewährung verurteilt wurde. Aus diesem Grund haben die Länder von ihrer Kompetenz Gebrauch gemacht, die uneinbringliche Geldstrafe durch Ableistung gemeinnütziger Arbeit zu vollstrecken (Art. 293 Einführungsgesetz zum Strafgesetzbuch).

B.5 Freiheitsstrafe

Die Freiheitsstrafe (§§ 38 f. StGB) ist das letzte Mittel des Strafrechts. Die frühere Unterscheidung zwischen Zuchthaus, Gefängnis und Haft (bis in die Zeit der Weimarer Republik hinein auch Festungshaft) ist der einheitlichen Freiheitsstrafe gewichen (siehe G.2). Die Freiheitsstrafe ist entweder zeitig (d. h. höchstens 15 Jahre) oder – für besonders schwere Straftaten wie Mord, schwerer Totschlag oder Raub mit Todesfolge – lebenslänglich.

(a) **Kurze Freiheitsstrafen** unter 6 Monaten sollen in eine Geldstrafe umgewandelt werden, wenn nicht besondere Umstände in der Tat oder der Täterpersönlichkeit die Freiheitsstrafe zur Einwirkung auf den Täter oder zur Verteidigung der Rechtsordnung erforderlich machen. Wenn ein Gesetz eine Mindeststrafe von 3 Monaten Freiheitsstrafe androht (also keine Geldstrafe), soll auch diese in eine Geldstrafe umgewandelt werden, solange die Strafe unter 6 Monaten bleibt (§ 47 Abs. 2 StGB). Eine solche Umwandlung in eine Geldstrafe verbietet sich aufgrund der Schwere einer Verletzung, der psychischen Auswirkungen der Tat oder des Vorlebens des Täters.

(b) Die **lebenslange Freiheitsstrafe** ist die härteste Strafe, die das deutsche Strafrecht kennt. Aufgrund einer Entscheidung des BVerfG[4] hat der Gesetzgeber eine Regelung (§ 57a StGB) eingeführt, wonach der Verurteilte nach einer Verbüßung von 15 Jahren erstmalig einen Antrag stellen kann, dass der Rest der Strafe zur Bewährung ausgesetzt wird. In einem Rechtsstaat müsse – so das BVerfG – die Hoffnung auf ein Leben in

4 Urteil vom 21.06.1977, Az.: 1 BvL 14/76, BVerfGE 45, S. 187.

Freiheit erhalten bleiben. Eine Aussetzung zur Bewährung nach 15 Jahren Freiheitsstrafe ist ausgeschlossen, wenn das Gericht im Urteil die **besondere Schwere der Schuld** (§ 57a Abs. 1 Nr. 2 StGB) des Verurteilten feststellt.

(c) Die Vollstreckung einer Freiheitsstrafe bis zu 2 Jahren kann zur **Bewährung** (§§ 56 ff. StGB) ausgesetzt werden. Das Gericht setzt eine Frist von mindestens 2, höchstens 5 Jahren für die Bewährung fest. Während dieser Zeit hat der Verurteilte ihm erteilte **Auflagen** (z. B. Geldbuße, soziale Arbeit) zu erfüllen und Weisungen zu befolgen, insbesondere sich straffrei zu führen. Verstößt er gegen die Auflagen oder Weisungen, kann die Bewährung widerrufen werden; befolgt er sie, wird die Strafe nach Ablauf der Frist erlassen.

Folgende **Weisungen** sollen dem Verurteilten helfen, keine weiteren Straftaten zu begehen:

- Anordnungen bezüglich Aufenthalt (keine Wohnung in einem bestimmten Stadtteil zu nehmen), Ausbildung oder Arbeit, Freizeit (Verbot, bestimmte Vergnügungsstätten zu besuchen) oder Ordnung der wirtschaftlichen Verhältnisse (Einhaltung eines Schuldentilgungsplans);
- Meldung zu bestimmten Zeiten bei Gericht oder einer anderen Stelle (Drogenberatung, Jugendamt);
- Verbot, mit Personen zu verkehren, sie zu beschäftigen, auszubilden oder zu beherbergen, die Gelegenheit oder Anreiz bieten können, Straftaten zu begehen;
- Verbot, Gegenstände zu besitzen, die zu Straftaten benutzt werden können (z. B. Waffen);
- Unterhaltspflichten nachzukommen.

Nur mit Einverständnis des Verurteilten darf ihm die Weisung erteilt werden,

- sich einer Heilbehandlung oder Entziehungskur zu unterziehen oder
- in einem Heim oder einer Anstalt Aufenthalt zu nehmen.

Dieser Katalog ist nicht abschließend, sondern kann durch weitere Maßnahmen ergänzt werden. Auflagen und Weisungen dürfen den Verurteilten nicht übermäßig belasten (Übermaßverbot). Das Gericht kann den Verurteilten der Aufsicht eines Bewährungshelfers unterstellen. Dies soll in der Regel geschehen, wenn eine Freiheitsstrafe von mehr als 9 Monaten zur Bewährung ausgesetzt wird und der Verurteilte noch nicht 27 Jahre alt ist (§ 56d Abs. 2 StGB).

B.6 Maßregeln der Besserung und Sicherung

Maßregeln (§§ 61 ff. StGB) dienen einerseits der Besserung, andererseits der Sicherung der Allgemeinheit vor künftigen Straftaten des Täters. Die Zweispurigkeit ermöglicht, gegen einen Angeklagten, der mangels Schuldfähigkeit nicht bestraft werden kann, eine Unterbringung in einem psychiatrischen Krankenhaus oder in einer Entziehungsanstalt festzusetzen (§ 71 Abs. 1 StGB). Als selbstständige Maßregeln gegen den schuldunfähigen Täter kommen die Entziehung der Fahrerlaubnis und das Berufsverbot in Betracht (§ 71 Abs. 2 StGB).

Maßregeln können neben der Strafe verhängt werden. Soweit sie der Besserung des Verurteilten dienen sollen, sind die Auswirkungen auf seine Lebensführung in die Bemessung der Strafe einzubeziehen. Wird z. B. eine Fahrerlaubnis entzogen, muss eine evtl. Minderung des Einkommens bei der Berechnung der Geldstrafe einkalkuliert werden. Wird eine freiheitsentziehende Maßregel neben einer Freiheitsstrafe angeordnet, wird in der Regel die Maßregel zuerst vollstreckt (z. B. Unterbringung in einer Entziehungsanstalt) und die Zeit auf die Vollstreckung der Freiheitsstrafe angerechnet.

B.6.1 Unterbringung in einem psychiatrischen Krankenhaus

Die Unterbringung in einem psychiatrischen Krankenhaus (§ 63 StGB) wird angeordnet, wenn

- der Täter eine rechtswidrige Tat begangen, d. h. den Tatbestand einer Straftat objektiv und subjektiv verwirklicht hat, ohne dass dafür ein Rechtfertigungsgrund besteht;
- er schuldunfähig (§ 20 StGB) oder vermindert schuldfähig (§ 21 StGB) ist;
- das Gericht die Prognose stellt, dass von dem Angeklagten weiterhin erhebliche Straftaten zu erwarten sind und er für die Allgemeinheit gefährlich ist. Die Prognose ist auf den Zeitpunkt der Hauptverhandlung abzustellen und aufgrund einer eingehenden Gesamtwürdigung des Täters und der Tat zu treffen.

Die Unterbringung wird regelmäßig überprüft und dauert so lange, wie die Gefährlichkeit des Untergebrachten fortbesteht.

B.6.2 Unterbringung in einer Entziehungsanstalt

Die Unterbringung in einer Entziehungsanstalt (§ 64 StGB) wird angeordnet, wenn

- der Täter alkohol-, drogen-, medikamenten- oder von anderen berauschenden Mitteln abhängig ist,
- er im Rausch oder aus Anlass des Rausches eine rechtswidrige Tat begangen hat und
- das Gericht zu der Überzeugung gelangt, dass infolge seines Hanges die Gefahr erheblicher weiterer Taten besteht.

Ein „Hang“ besteht, wenn der Grad des Konsums berauschender Mittel zumindest den Grad der psychischen Abhängigkeit erreicht hat. Eine körperliche Abhängigkeit ist nicht unbedingt Voraussetzung. Die Höchstdauer der Unterbringung beträgt 2 Jahre. Eine Unterbringung unterbleibt, wenn eine Entziehungskur z. B. wegen Therapieunwilligkeit von vornherein aussichtslos erscheint (§ 64 Satz 2 StGB).

B.6.3 Unterbringung in der Sicherungsverwahrung

Die Sicherungsverwahrung (§ 66 StGB) ist die geschlossene Verwahrung des Verurteilten nach Verbüßung der Strafe, solange er als gefährlich eingestuft wird. Die Anordnung hat folgende Voraussetzungen:

- Verurteilung zu Freiheitsstrafe von mindestens 2 Jahren wegen einer in § 66 Abs. 1 Nr. 1 StGB aufgezählten vorsätzlichen Straftat,
- zwei frühere Verurteilungen wegen solcher Straftaten zu Freiheitsstrafe von mindestens je 1 Jahr,
- Verbüßung vor der neuen Tat von mindestens 2 Jahren Freiheitsstrafe oder einer freiheitsentziehenden Maßregel wegen einer oder mehrerer solcher Taten und
- Hang zu erheblichen Straftaten, durch welche die Opfer seelisch oder körperlich schwer geschädigt werden, sodass der Angeklagte aufgrund seiner Persönlichkeit zum Zeitpunkt der Verurteilung für die Allgemeinheit als gefährlich einzustufen ist.

Der Gesetzgeber hat für Angeklagte, die drei der in § 66 Abs. 1 Nr. 1 StGB genannten Straftaten oder bestimmte Gewalt- oder Rauschtaten begangen haben oder wegen solcher Taten früher zu Freiheitsstrafe von mindestens 3 Jahren verurteilt worden sind oder aktuell zu Freiheitsstrafe von mindestens 3 Jahren verurteilt werden, weitere Möglichkeiten der Sicherungsverwahrung vorgesehen (§ 66 Abs. 2, 3 StGB).

Das Gericht muss bei der Anordnung der Sicherungsverwahrung eine **Prognose** stellen, ob der Angeklagte in Zukunft aufgrund seines Hanges zu erheblichen Straftaten gefährlich für die Allgemeinheit sein wird. Dass er viele kleinere Straftaten begangen hat, reicht zur Begründung der Erheblichkeit nicht aus; „erheblich“ wird eine Tat durch den Rang des verletzten Rechtsgutes (z. B. Leben, körperliche Unversehrtheit, sexuelle Selbstbestimmung), den Grad der Verletzung dieses Rechtsgutes oder das äußere Erscheinungsbild der Tat.

Die Sicherungsverwahrung wird ohne eine bestimmte Frist angeordnet. Von Zeit zu Zeit (alle 2 Jahre oder in einer vom Gericht bestimmten kürzeren Frist) wird überprüft, ob die weitere Verwahrung zur Bewährung ausgesetzt werden kann.

Kann das Gericht aufgrund der Beweisaufnahme nicht mit Sicherheit beurteilen, ob der Angeklagte gefährlich für die Allgemeinheit ist, kann es in dem Urteil die spätere Anordnung der **Sicherungsverwahrung vorbehalten** (§ 66a StGB). Die Entscheidung über die Anordnung wird von dem erstinstanzlichen Gericht (unter Beteiligung von Schöffen) getroffen (§ 275a StPO).

Werden nach der Verurteilung wegen bestimmter schwerer Verbrechen oder Vergehen im Strafvollzug Tatsachen bekannt, die auf eine erhebliche Gefährlichkeit des Täters für die Allgemeinheit hinweisen, kann das Gericht aufgrund einer Hauptverhandlung, in der zwei Sachverständige zu hören sind, die Anordnung der Sicherungsverwahrung auch **nachträglich beschließen** (§ 66b StGB). Die Tatsachen müssen den Schluss zulassen, dass aufgrund einer Gesamtwürdigung von Täter, Taten und Entwicklung im Strafvollzug die hohe Wahrscheinlichkeit besteht, dass der Verurteilte erhebliche Straftaten mit schweren seelischen oder körperlichen Schäden für das (künftige) Opfer begehen wird. Die Voraussetzungen nach § 66 StGB müssen ebenfalls vorliegen. Auch dieses Verfahren findet unter Beteiligung von Schöffen statt (§ 275a StPO).

B.6.4 Führungsaufsicht

Aufgabe der Führungsaufsicht (§§ 68 ff. StGB) ist es, Tätern mit schlechter Sozialprognose Lebenshilfe vor allem für den Übergang von der Freiheitsentziehung in die Freiheit zu geben. Das Gericht kann Weisungen erteilen, z. B. den Wohnort nicht ohne Erlaubnis zu verlassen, bestimmte Personen nicht zu beherbergen, bestimmte Gegenstände nicht zu besitzen. Dem Verurteilten wird ein Bewährungshelfer der Führungsaufsichtsstelle beigeordnet. Dieser überwacht das Verhalten des Verurteilten.

Führungsaufsicht tritt automatisch ein bei

- der Aussetzung einer Maßregel zur Bewährung (§§ 67b Abs. 2, 67c Abs. 1, 67d Abs. 2 bis 5 StGB),
- einer vollständig vollstreckten Freiheitsstrafe von mindestens 2 Jahren (§ 68f StGB).

Das Gericht kann im Urteil Führungsaufsicht anordnen, wenn dies in dem Gesetz vorgesehen ist, nach dem der Angeklagte verurteilt wird (z. B. terroristische Vereinigung, sexueller Missbrauch, Vergewaltigung, Zuhälterei, Menschenhandel, Geiselnahme, Diebstahl, Raub, Erpressung, Hehlerei, Betrug, Brandstiftung), das Urteil auf mindestens 6 Monate Freiheitsstrafe lautet und die Gefahr besteht, dass der Verurteilte weitere Straftaten begehen wird. Die Dauer der Führungsaufsicht beträgt zwischen 2 und 5 Jahren; das Gericht kann die Höchstdauer verkürzen oder verlängern (§ 68c Abs. 1 StGB).

B.6.5 Berufsverbot

Ein Berufsverbot (§ 70 StGB) kann angeordnet werden, wenn der Täter

- seine Tat unter Missbrauch seines Berufes (Gewerbes) begangen hat und die Gefahr weiterer gleicher Taten besteht oder Pflichten, die mit dem Beruf (Gewerbe) verbunden sind, grob verletzt hat und
- das Gericht zu der Überzeugung gelangt, dass die Gefahr besteht, dass der Angeklagte bei weiterer Ausübung des Berufes, Berufszweiges, Gewerbes oder Gewerbezweiges erhebliche weitere rechtswidrige gleichartige Taten begehen wird.

Die Dauer des Berufsverbotes beträgt mindestens 1 Jahr, höchstens 5 Jahre, kann aber auch „für immer“ verhängt werden. Solange das Berufsverbot wirksam ist, darf der

Verurteilte in diesem Beruf weder selbst tätig sein, noch ihn für andere ausüben oder von einem Dritten für sich ausüben lassen.

Beispiele für Straftaten, die ein Berufsverbot rechtfertigen:
Waffenschmuggel durch Verteidiger, Beihilfe eines Steuerberaters bei der Steuerhinterziehung, sexuelle Handlung des Lehrers an einer Schülerin, Insolvenzbetrug eines Kaufmanns, Entwenden von Morphium durch einen Arzt.

B.6.6 Entziehung der Fahrerlaubnis

Die Entziehung der Fahrerlaubnis (§ 69 StGB) wird nach bestimmten Straftaten im oder im Zusammenhang mit dem Straßenverkehr angeordnet, wenn sich der Täter zum Führen eines Kraftfahrzeugs als ungeeignet erwiesen hat (z. B. Trunkenheit im Verkehr, Straßenverkehrsgefährdung, aber auch bei Benutzung des Kraftfahrzeugs zum Abtransport der Beute nach Einbrüchen). Für die Wiedererlangung der Fahrerlaubnis wird eine Sperrfrist gesetzt. Die Mindestdauer der Entziehung beträgt 6 Monate bzw. 1 Jahr, wenn innerhalb der letzten 3 Jahre schon einmal eine Sperre angeordnet wurde. War die Fahrerlaubnis bereits vorläufig entzogen (§ 111a StPO) und ist der Angeklagte weiterhin ungeeignet zum Führen eines Kraftfahrzeugs, müssen in dem Urteil noch mindestens 3 Monate Sperrfrist angeordnet werden. Kommt das Gericht zu der Überzeugung, dass eine Frist von 3 Monaten nicht mehr angemessen ist, muss es von der Entziehung absehen und den Führerschein aushändigen, wenn dieser eingezogen war. Die zeitige Höchstdauer der Entziehung beträgt 5 Jahre. Darüber hinaus kann die Fahrerlaubnis auch „für immer" entzogen oder auf bestimmte Kfz-Klassen oder Fahrzeuge beschränkt werden.

B.7 Nebenstrafen, Nebenfolgen

(a) Nebenstrafen können neben der Strafe festgesetzt werden. Bei der Verurteilung wegen einer Straftat, die im Zusammenhang mit dem Führen eines Kraftfahrzeugs oder unter Verletzung der Pflichten eines Kraftfahrers begangen wurde, kann ein **Fahrverbot** von 1 Monat bis 3 Monaten angeordnet werden (§ 44 StGB). Der Unterschied zwischen Fahrverbot und Entziehung der Fahrerlaubnis besteht darin, dass beim Fahrverbot die tatsächliche Benutzung eines Kraftfahrzeugs auf Zeit untersagt ist, während der Verurteilte bei der Entziehung der Fahrerlaubnis die öffentlich-rechtliche Erlaubnis zum Führen eines Kraftfahrzeugs verliert. Die Fahrerlaubnis muss er – ggf. durch eine Fahrprüfung oder nach einer medizinisch-psychologischen Untersuchung – erneut erwerben. Außerhalb des StGB sieht § 41a Bundesjagdgesetz das Verbot der Jagdausübung als Nebenstrafe vor. Die Nebenstrafe ist in die Überlegungen zur Strafzumessung einzubeziehen, weil sich diese Sanktion auf die wirtschaftliche Situation und damit auf die Strafempfindlichkeit des Verurteilten auswirken kann.

(b) Nebenfolgen (§§ 45 ff. StGB) werden vom Gericht angeordnet oder treten automatisch von Gesetzes wegen ein. Wer wegen eines Verbrechens zu mindestens 1 Jahr Freiheitsstrafe verurteilt wurde, verliert automatisch für 5 Jahre das Recht, öffentliche Ämter zu bekleiden (z. B. als Abgeordneter, Schiedsperson, Betreuer, Stadtverordneter). In anderen Fällen kann das Gericht sowohl die Wählbarkeit (Amtsfähigkeit) als auch das aktive Wahlrecht für die Dauer von 2 bis 5 Jahren aberkennen, wenn das entsprechende Strafgesetz dies vorsieht, z. B. bei Friedens- und Hochverrat, Landesverrat, Wahlbehinderung, Sabotage.

(c) Gegenstände, die durch die Straftat entstanden sind oder bei der Begehung benutzt wurden, können vom Gericht eingezogen werden (**Einziehung**, §§ 74 ff. StGB). Das gilt auch, wenn der Gegenstand nicht dem Täter, sondern einem Dritten gehört und die Allgemeinheit durch den Gegenstand gefährdet wird oder die Gefahr besteht, dass er zur Begehung weiterer rechtswidriger Taten benutzt wird (z. B. Gegenstände zur Veranstaltung illegaler Glücksspiele, § 74 Abs. 2 Nr. 2 StGB). Hat der Täter durch die Straftat einen Vermögensvorteil (finanzieller oder Sachvorteil) erlangt, kann der **Verfall** erklärt werden (§§ 73 ff. StGB). Der Verfall wirkt gegenüber dem Täter, einem Dritten, der durch die Tat begünstigt wurde, dem Eigentümer, der einen Gegenstand für die Tat zur Verfügung gestellt hat, oder als erweiterter Verfall (§§ 150, 181c, 286 StGB) ohne Nachweis der Herkunft des Verfallsobjektes. Durch den Verfall gehen die Sache oder das Recht mit Rechtskraft des Urteils auf den Staat über. Unter bestimmten Voraussetzungen kann auch der ersatzweise Verfall des Geldbetrages, der dem Wert des rechtswidrig Erlangten entspricht, erklärt werden.

Praxistipps

- Schöffen sollten eine Justizvollzugsanstalt (JVA) besuchen, um Kenntnis von Alltag und Praxis des Vollzuges zu bekommen. Welche Möglichkeiten zu Ausbildung, Arbeit und Freizeitgestaltung gibt es? Wie sind Wiedereingliederung und Übergangsmanagement vom Strafvollzug in die Freiheit geregelt?
- Auch der Besuch einer Anstalt des Maßregelvollzuges ist empfehlenswert.
- Die Vorschriften zur Sicherungsverwahrung sind vom Gesetzgeber verwirrend formuliert. Schöffen sollten sorgfältig nachfragen, wenn die Anordnung der Sicherungsverwahrung in Betracht kommt.

Teil C Das Verfahren bis zur Hauptverhandlung

Teil C erläutert die Beweiserhebung im Ermittlungsverfahren, die Ermittlungsmethoden und die strafprozessualen Zwangsmittel zur Sicherung des Verfahrensziels. Mit der Einreichung der Anklageschrift geht die Zuständigkeit von den Ermittlungsorganen auf das Gericht über, das im Zwischenverfahren über die Eröffnung des Hauptverfahrens entscheidet und die notwendigen Vorbereitungen für die Durchführung der Hauptverhandlung trifft.

C.1 Ermittlungsverfahren

Das Ermittlungsverfahren beginnt damit, dass die Ermittlungsbehörden (d. h. vor allem die Staatsanwaltschaft, aber auch die Straf- und Bußgeldstelle des Finanzamtes, der Zoll usw.) Kenntnis von dem Verdacht einer Straftat erhalten. Der häufigste Anlass für den sog. **Anfangsverdacht** ist die Anzeige eines Geschädigten. Tatsachen wie das Auffinden einer Leiche oder der Brand eines Hauses können ebenfalls zur Aufnahme der Ermittlungen führen. Gesetzlich vorgeschriebene Mitteilungen können den Verdacht einer Straftat begründen, z. B. die einer Bank an die Bundesanstalt für Finanzdienstleistungsaufsicht (BaFin) nach dem Geldwäschegesetz. Die Ermittlungen sind darauf ausgerichtet, einer bestimmten Tat einen bestimmten Täter zuzuordnen. Die Ermittlungsbehörde hat mit den gesetzlich zulässigen Mitteln den Sachverhalt zu erforschen, der einen strafrechtlich relevanten Inhalt hat (§§ 160 ff. StPO); ansonsten ist das Verfahren einzustellen.

C.1.1 Ermittlungsmethoden

Zur Aufklärung der Straftat kann die Staatsanwaltschaft Auskünfte einholen, Zeugen vernehmen und Daten erheben. Dabei stehen ihr auch Zwangsmittel zur Verfügung. Sie darf nur im Rahmen der gesetzlichen Befugnisse ermitteln; bei einigen Beweiserhebungen muss sie die Anordnung oder Genehmigung des Ermittlungsrichters einholen. Über die Zulässigkeit und Ordnungsmäßigkeit der Ermittlungsmethoden entscheidet in der Hauptverhandlung das Gericht. Rechtswidrig erworbene Kenntnisse dürfen ggf. nicht verwertet werden.

(a) Das häufigste Mittel zur Gewinnung von Erkenntnissen ist der **Zeuge.** Er kann ein bestimmtes Geschehen bekunden, zu Verhältnissen mutmaßlicher Täter und Opfer aussagen oder eine Person identifizieren. Hierfür haben Kriminalistik und Rechtsprechung bestimmte Regeln entwickelt, die zu einem großen Teil auf praktischer Lebenserfahrung beruhen. So ist z. B. die Identifizierung eines mutmaßlichen Täters durch einen Zeugen nur dann verwertbar, wenn sie anhand von mehreren Lichtbildern oder Personen vorgenommen wird (Wahllichtbildvorlage bzw. -gegenüberstellung). Die Vorlage nur eines Lichtbildes oder eines Verdächtigen („Ist er das?“) kann einen suggestiven

Tatverdächtiger
Derjenige, gegen den ein Anfangsverdacht einer Straftat besteht

⇩

Beschuldigter
Derjenige, gegen den ein Anfangsverdacht einer Straftat besteht und gegen den die Strafverfolgungsbehörde ein Ermittlungsverfahren eingeleitet hat

⇩

Angeschuldigter
Der Beschuldigte, gegen den die öffentliche Anklage erhoben worden ist, bis zur Eröffnung des Hauptverfahrens

⇩

Angeklagter
Der Angeschuldigte nach Eröffnung des Hauptverfahrens

⇩

Verurteilter
Derjenige, gegen den rechtskräftig eine Strafe festgesetzt wurde

Bezeichnungen für den Verdächtigen in den verschiedenen Verfahrensabschnitten

Einfluss auf den Zeugen haben („Wenn man mir den schon zeigt, muss ja was dran sein") oder eine Falschanzeige begünstigen.

(b) Eine immer größere Bedeutung erlangen **wissenschaftliche Methoden** wie medizinische und technische Untersuchungen, die von der Daktyloskopie (Vergleich von Fingerabdrücken) über die DNA-Analyse, die Brandursachenermittlung, Schriftvergleichung bis zu Untersuchungen von Stoffen unter dem Elektronenmikroskop und deren chemischer Analyse reichen. Die technische Beweisführung liefert objektive Ergebnisse, die aber erst dann aussagekräftig sind, wenn sie einer bestimmten Person zugeordnet werden können. Zur Einführung dieser Erkenntnisse und Methoden in das Strafverfahren müssen sich Staatsanwaltschaft und Gericht weitgehend eines Sachverständigen bedienen.

(c) Der Erhebung persönlicher Daten kommt eine wachsende Bedeutung zu:

- Tatverdächtige können zur **Identitätsfeststellung** festgehalten (maximal 12 Std.) und durchsucht werden (§§ 163b, 163c StPO). Auch Unverdächtige dürfen an- und festgehalten werden, wenn es zur Bedeutung der Tat nicht außer Verhältnis steht.

- Ein Verdächtiger kann längerfristig **polizeilich observiert** werden (§ 163f StPO). Die planmäßige Überwachung ist zur Aufklärung aller Straftaten – unter Beachtung der Verhältnismäßigkeit – zulässig.
- Mit der Ausschreibung zur **polizeilichen Beobachtung** (§ 163e StPO) sollen ein Bewegungsbild von dem Verdächtigen erstellt und Querverbindungen zu anderen Personen aufgespürt werden.
- Bei bestimmten schweren Straftaten können an öffentlichen Orten **Kontrollstellen** eingerichtet werden, an der jeder verpflichtet ist, seine Identität feststellen sowie sich und mitgeführte Sachen durchsuchen zu lassen (§ 111 Abs. 1 StPO).
- Die **Rasterfahndung** dient der Aufklärung schwerer Straftaten (Auflistung in § 98a StPO) durch maschinellen Abgleich personenbezogener Daten, die in Dateien anderer Stellen als Polizei oder Staatsanwaltschaft gespeichert sind.
- Bei der **Schleppnetzfahndung** (§ 163d StPO) werden an Grenzübergängen und sonstigen elektronischen Ausweiskontrollen, bei Kontrollstellen nach § 111 StPO oder Kennzeichenkontrollen von Fahrzeugen kurzfristige Dateien angelegt und daraufhin untersucht, ob ein gesuchter Straftäter eine bestimmte Stelle passiert hat.

(d) Durch Überwachung mit technischen Mitteln können Erkenntnisse insbesondere aus geschlossenen Räumen gewonnen werden, wobei in der Regel ohne Kenntnis der Betroffenen vorgegangen wird.

- Die **Telekommunikationsüberwachung** (§§ 100a, 100b StPO) umfasst neben dem Abhören von Telefongesprächen auch die Standortbestimmung von Mobiltelefonen und die Überwachung der Internettelefonie (Voice over IP). Die sog. Quellen-TÜ ist zulässig (§ 20 l Abs. 2 Bundeskriminalamtgesetz), ebenso der Zugriff auf gespeicherte Daten externer Server. Eingeschränkt ist diese Überwachung, soweit der „Kernbereich privater Lebensgestaltung“ betroffen ist.
- Die akustische Überwachung von Wohnungen (**großer Lauschangriff**) ist bei bestimmten besonders schweren Straftaten (§ 100c StPO) zulässig, wenn andere Methoden die Ermittlungen unverhältnismäßig erschweren würden.
- Die akustische Überwachung von öffentlichen Orten, Büro- und Geschäftsräumen (**kleiner Lauschangriff**) ist bei Straftaten nach § 100a StPO zulässig, wenn die Ermittlungen des Sachverhalts oder des Aufenthalts eines Beschuldigten sonst unverhältnismäßig erschwert würden.

(e) Zu den traditionellen Methoden gehören Suche und Sicherstellung von Beweisgegenständen und verdächtigen Personen.

- Gegenstände, die als Beweismittel in Betracht kommen, können beschlagnahmt, d. h. in amtliches Gewahrsam genommen werden. Einen Eingriff in das Postgeheimnis stellt die Beschlagnahme von Postsendungen dar (§§ 99, 100, 101 StPO). Die Anordnung der **Beschlagnahme** steht nur dem Richter zu (§ 98 Abs. 1 StPO). Bestimmte Gegenstände sind grundsätzlich von der Beschlagnahme ausgenommen (§ 97 StPO).

- Die **Durchsuchung** (§§ 102 ff. StPO) ist die Suche nach versteckten Gegenständen und dem Verdächtigen. Durchsucht werden können Wohnungen und andere Räume (Haussuchung) sowie Personen (Verdächtige, § 102 StPO; Unverdächtige, § 103 StPO) und die ihnen gehörenden Sachen.
- Die **Razzia** ist eine überraschende Fahndungsaktion der Polizei nach verdächtigen Personen oder Beweismitteln. Sie stützt sich auf die allgemeinen Regelungen der StPO (insbesondere die Identitätsfeststellung nach §§ 163b, 163c StPO).

(f) Rechtsmedizinische Methoden können den nicht natürlichen Tod eines Menschen zum Gegenstand haben oder Eingriffe in den (lebenden) menschlichen Körper.

- Die Leichenschau (§ 87 StPO) ist die äußerliche Begutachtung einer Leiche, während bei der Obduktion der Körper geöffnet und die inneren Organe untersucht werden. Bei einer bereits bestatteten Leiche kann deren Ausgrabung (Exhumierung) angeordnet werden. Bei dem Verdacht einer Vergiftung ist ein Chemiker hinzuzuziehen (§ 91 StPO).
- Zulässig sind Eingriffe (§§ 81 bis 81h StPO), durch die körperliche Merkmale eines oder mehrerer Menschen mit Spuren vom Tatort verglichen werden können (Blutuntersuchung, molekulargenetische Untersuchung, DNA-Analyse, Fingerabdrücke usw.). Sie können auch den Zustand des Körpers oder eines Organs beweisen, wie bei der Bestimmung der Blutalkoholkonzentration.

(g) Zu Zwecken der Ermittlung darf in die Kreise der Straftäter eingedrungen werden. **Verdeckte Ermittler** sind Polizeibeamte, die auf Dauer unter einer falschen Identität ermitteln. Bei den sog. **V-Leuten** handelt es sich um Verbindungspersonen der Ermittlungsbehörden in die kriminelle Szene, die gegen entsprechende Vorteile Informationen liefern.

C.1.2 Freiheitsentziehende Maßnahmen zur Sicherung des Verfahrens

Untersuchungshaft und einstweilige Unterbringung sind (nur) aus Gründen der Verfahrenssicherung zulässig. Zuständig für eine solche Freiheitsentziehung ist ausschließlich ein Richter, im Ermittlungsverfahren der sog. Ermittlungsrichter als Haftrichter.

C.1.2.1 Untersuchungshaft

Für den Erlass eines Haftbefehls müssen drei Voraussetzungen erfüllt sein (§ 112 StPO):

(a) Der Beschuldigte muss der Tat **dringend verdächtig** sein, d. h. der Haftrichter muss aufgrund bestimmter Tatsachen zu der Überzeugung kommen, dass mit hoher Wahrscheinlichkeit eine Verurteilung erfolgen wird.

(b) Es muss einer der im Gesetz beschriebenen **Haftgründe** gegen den Angeklagten bestehen:

- Fluchtgefahr: Es müssen bestimmte Tatsachen vorliegen, die die Annahme rechtfertigen, der Angeklagte werde sich dem weiteren Verfahren durch Flucht entziehen (Vorbereitung einer Auslandsreise, Geldtransfer oder eine so hohe Straferwartung, dass sie einen Fluchtanreiz darstellt).
- Verdunkelungsgefahr: Bestimmte Tatsachen müssen die Annahme nahelegen, dass der Täter auf Zeugen oder sonstige Beweismittel einwirken wird, um sie so zu beeinflussen, dass die Verurteilung verhindert wird.
- Tatschwere: Wird dem Angeklagten eine in Abs. 3 aufgeführte schwere Tat zur Last gelegt, sind an die Tatsachen für eine Flucht- oder Verdunkelungsgefahr geringere Anforderungen zu stellen.
- Wiederholungsgefahr: Bei bestimmten schweren Delikten kann die Gefahr, dass der Täter wieder einschlägig straffällig wird, die Untersuchungshaft rechtfertigen (§ 112a Abs. 1 Nr. 2 StPO).

(c) Bei der Anordnung der Untersuchungshaft ist der Grundsatz der **Verhältnismäßigkeit** zu beachten. Eine Untersuchungshaft kommt regelmäßig nicht in Betracht, wenn der Angeklagte eine Geldstrafe oder Freiheitsstrafe bis zu 6 Monaten zu erwarten hat (§ 113 StPO).

C.1.2.2 Einstweilige Unterbringung

Ist ein Beschuldigter dringend verdächtig, eine Tat im Zustand der (verminderten) Schuldunfähigkeit begangen zu haben und deshalb zu erwarten, dass im Urteil seine Unterbringung in einem psychiatrischen Krankenhaus oder einer Entziehungsanstalt angeordnet wird, kann seine einstweilige Unterbringung in einer solchen Anstalt angeordnet werden, wenn die öffentliche Sicherheit es erfordert (§ 126a Abs. 1 StPO).

C.1.3 Anklageerhebung oder Einstellung des Verfahrens

Ergeben die Ermittlungen keinen hinreichenden Tatverdacht, wird das Verfahren eingestellt (§ 170 Abs. 2 StPO). Dem Verletzten einer Straftat steht in diesem Fall das Recht der Beschwerde an die Staatsanwaltschaft, bei deren Misserfolg das Klageerzwingungsverfahren zu (§ 172 StPO). In diesem Verfahren entscheidet das OLG, ob Anklage erhoben werden muss.

Liegt ein hinreichender Verdacht vor, dass der Angeklagte verurteilt werden wird, erhebt der Staatsanwalt schriftlich Anklage beim zuständigen Gericht und übersendet mit der Anklageschrift (vgl. Bd. 1, S. 88 f.) die Verfahrensakten. Der Staatsanwalt hat einen gewissen Spielraum bei der Einschätzung, bei welchem Gericht er anklagt (Aufbau der Strafgerichtsbarkeit, vgl. Bd. 1, S. 30 f.). Das Gericht ist an die Bewertung des Staatsanwaltes nicht gebunden. Das Gericht höherer Ordnung kann das Verfahren vor dem

Gericht niedrigerer Ordnung eröffnen, wenn es seine Zuständigkeit verneint. Das Gericht niedriger Ordnung kann das Verfahren dem Gericht höherer Ordnung zur Übernahme vorlegen. Das kann noch in der Hauptverhandlung geschehen. Kommt das Schöffengericht des Amtsgerichts zu der Auffassung, dass eine Freiheitsstrafe von mehr als 4 Jahren angemessen ist, wird die Sache der Strafkammer des Landgerichts zur Übernahme vorgelegt. Die Entscheidung wird vom Gericht getroffen.

C.2 Zwischenverfahren

Mit dem Eingang der Akten und der Anklageschrift beim Gericht beginnt das Zwischenverfahren. Das Gericht (die Berufsrichter) entscheidet nach der Aktenlage, ob das Hauptverfahren eröffnet wird. Das Verfahren dient der Kontrolle, ob ein Angeschuldigter einer öffentlichen Hauptverhandlung ausgesetzt werden soll. Das Gericht prüft den ordnungsgemäßen Inhalt der Anklage (§ 200 StPO), stellt dem Angeschuldigten die Anklageschrift zu und ordnet ggf. weitere Beweiserhebungen an.

C.2.1 Eröffnung des Hauptverfahrens

Das Gericht prüft zunächst, ob die Prozessvoraussetzungen vorliegen. Fehlt eine Voraussetzung (örtliche und sachliche Zuständigkeit des Gerichts, Vorliegen eines Strafantrages bei Antragsdelikten, Strafmündigkeit des Angeschuldigten) oder steht dem Verfahren ein sonstiges Prozesshindernis entgegen (Verjährung, Rechtshängigkeit und Strafklageverbrauch, Spezialität bei vom Ausland ausgelieferten Angeschuldigten, Immunität oder Indemnität, Amnestie, Verhandlungs(un)fähigkeit des Angeschuldigten sowie dessen dauernde Abwesenheit), wird die Eröffnung aus Rechtsgründen abgelehnt. Danach wird geprüft, ob die vorgeworfene Tat die Voraussetzungen einer Strafvorschrift erfüllt und ob – bei summarischer Betrachtung – die Beweismittel eine Verurteilung erwarten lassen. Bejaht das Gericht die Strafbarkeit des angeklagten Sachverhalts und den hinreichenden Tatverdacht, wird das Hauptverfahren eröffnet und ein Termin zur Hauptverhandlung bestimmt. Das Gericht kann das Hauptverfahren auch mit Änderungen der Anklage eröffnen. Es kann einzelne Taten herausnehmen oder rechtliche Gesichtspunkte ändern, z. B. kann aus dem angeklagten Mord ein Totschlag werden, weil das Gericht bereits jetzt das Vorliegen von Mordmerkmalen aus Rechtsgründen verneint.

C.2.2 Vorbereitung der Hauptverhandlung

Wird die Anklage zur Hauptverhandlung zugelassen, trifft der Vorsitzende die Vorbereitungen für ihre Durchführung. Er fordert notwendige Akten an, bestimmt den Termin, lädt Zeugen und Sachverständige sowie Angeklagte und Verteidiger. Die Staatsanwaltschaft erhält Nachricht vom Termin, evtl. werden weitere Beteiligte wie Jugendgerichtshilfe, Bewährungshelfer informiert. Bei mehrtägigen Verhandlungen stellt der Vorsitzende einen Plan über die Vernehmung der Zeugen und die weitere Beweisaufnahme auf. Die Geschäftsstelle des Gerichts benachrichtigt die Schöffen. Findet die Verhandlung erstinstanzlich vor dem Landgericht statt, ist den Beteiligten die Besetzung des Gerichts einschließlich der Schöffen mitzuteilen. Der Verteidiger hat das Recht zu überprüfen, ob die Besetzung ordnungsgemäß ist, z. B. die Auslosung auf die Sitzungstermine korrekt durchgeführt oder ein Hauptschöffe zu Unrecht von der Teilnahme an der Hauptverhandlung befreit wurde. Eine Änderung der Gerichtsbesetzung ohne hinreichenden Grund kann die Aufhebung des Urteils durch das Revisionsgericht zur Folge haben, wenn dies rechtzeitig vom Verteidiger gerügt wird.

Praxistipps

- Hauptschöffen können zur zügigen Hauptverhandlung beitragen, wenn sie so früh wie möglich eine Verhinderung anzeigen (vgl. Bd. 1, S. 65 ff.), damit über ihre Befreiung entschieden und rechtzeitig ein Hilfsschöffe geladen werden kann. Bei den Landgerichten werden ggf. strengere Maßstäbe angelegt (vgl. Bd. 1, S. 59 f.). Die Gerichte sollten rechtzeitig abladen, wenn eine Hauptverhandlung nicht stattfindet.
- Die Praxis der Gerichte bei Ladung und Abladung der Schöffen ist höchst unterschiedlich. Manche Gerichte betrachten die Jahresübersicht als verbindlich und laden die Schöffen ab, wenn keine Hauptverhandlung stattfindet. Andere Gerichte halten die Jahresübersicht für eine Nachricht über die ausgelosten Termine, auf die sich die Schöffen einzurichten haben. Findet eine Hauptverhandlung statt, werden die Schöffen ausdrücklich zum jeweiligen Termin geladen. Erhalten die Schöffen keine Ladung, findet auch keine Verhandlung statt. Schöffen sollten ausdrücklich die Praxis ihres Gerichts nachfragen und ggf. auf eine Änderung der zweiten Alternative drängen, da Fehler bei der Zustellung der Ladung zu Lasten der Schöffen gehen können, die nicht zur Verhandlung erscheinen.

Teil D Die Hauptverhandlung bis zum Beginn der Beweisaufnahme

Teil D erläutert prozessuale Stellung, Rolle und Mitwirkungsmöglichkeiten der Verfahrensbeteiligten sowie die Prozesshandlungen vom Beginn der Hauptverhandlung bis zur Vernehmung des Angeklagten zur Sache. Zum Ablauf der Hauptverhandlung vgl. das Schaubild in Bd. 1, S. 79.

Die Hauptverhandlung ist ein auf Kommunikation und Kooperation angelegter Prozess zwischen den Verfahrensbeteiligten zur Erhebung von Daten und Fakten, die auf die Schuld oder Nichtschuld von Angeklagten schließen lassen. Das Strafverfahrensrecht (StPO, GVG, Allgemeiner Teil des StGB, JGG) stellt die Regeln für den Prozess auf, der auf Waffengleichheit, Fairness und Achtung der Würde der Beteiligten beruht. Der Angeklagte steht im Mittelpunkt des staatlichen Strafanspruches. Dabei darf der Blick dafür nicht verstellt werden, dass auch die (Opfer-)Zeugen einen Anspruch auf eine faire Behandlung haben, die die Rechte anderer Beteiligter begrenzt.

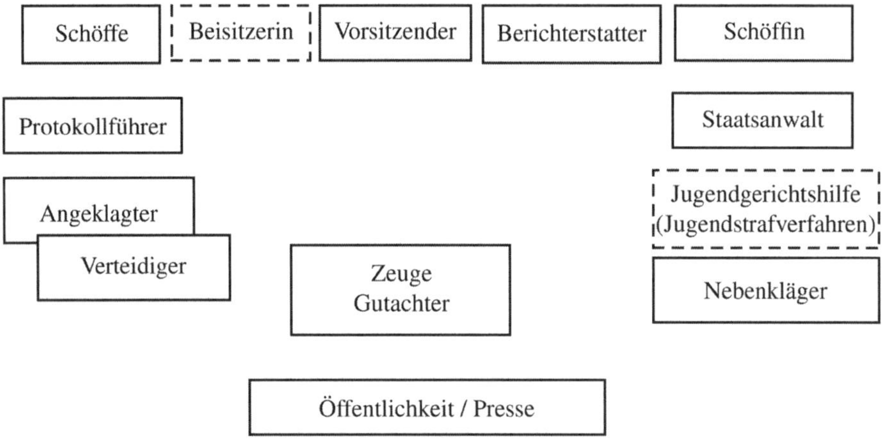

Beteiligte an der Hauptverhandlung; Besetzung einer Großen (Jugend-)Strafkammer

D.1 Die Verfahrensbeteiligten

D.1.1 Gericht

Das für die Hauptverhandlung zuständige Gericht (Begrifflichkeiten vgl. Bd. 1, S. 44 f.) wird durch die Regeln der StPO und des GVG bestimmt. Das Gericht muss örtlich (bestimmt sich nach dem Tatort, Ergreifungsort, Wohnsitz des Beschuldigten oder besonderen Regeln) und sachlich (Strafrichter, Schöffengericht des Amtsgerichts, Große Strafkammer des Landgerichts – allgemeines oder Jugendgericht) zuständig sein. Innerhalb des Gerichts besteht eine Geschäftsverteilung auf die einzelnen Spruchkörper. Welcher Spruchkörper für welche Verfahren zuständig ist und welche Richter ihm angehören, wird durch das Präsidium des Gerichts bestimmt.

Den Richtern ist die rechtsprechende Gewalt anvertraut (Art. 92 GG). Sie entscheiden eine Sache mit Letztverbindlichkeit in persönlicher und sachlicher Unabhängigkeit (vgl. Bd. 1, S. 47). Die richterliche Unabhängigkeit wird ergänzt durch die Bindung an Gesetz und Recht (vgl. Bd. 1, S. 75). Unter Gesetz sind nicht nur die Parlamentsgesetze zu verstehen, sondern auch Rechtsverordnungen, autonome Satzungen, die allgemeinen Regeln des Völkerrechts (Art. 25 GG), Staatsverträge, allgemein verbindliche Tarifverträge, Gewohnheitsrecht und allgemeine Rechtsgrundsätze. Keine Bindung entfalten Verwaltungsvorschriften oder (für die Tatgerichte) Urteile höherer Gerichte. Die Unterwerfung unter das Gesetz gilt ohne Einschränkung. Zweckmäßigkeitserwägungen, abweichende politische Einstellungen oder Gewissensgründe hat der Richter gegen ein gültiges Gesetz nicht geltend zu machen. Dem Gericht steht jedoch ein Prüfungsrecht zu, ob ein Gesetz gültig zustande gekommen ist oder gegen die Verfassung verstößt. Dann kann es eine Vorlage an das BVerfG beschließen (Art. 100 GG).

Richter können das Recht durch Auslegung einer Norm weiterentwickeln, an sich verändernde Verhältnisse in Gesellschaft, Wirtschaft und Technik oder an sich wandelndes Rechtsbewusstsein anpassen und Gesetzeslücken schließen (sog. Rechtsfortbildung). Sie dürfen sich dabei nicht vom geltenden Recht entfernen oder eine Norm durch Interpretation in einen anderen Sinn verkehren.

Beispiel:
Eine zulässige Auslegung der Norm ist es, das Merkmal der „Gewalt" (z. B. in der Nötigung gemäß § 240 StGB) in einem engeren oder weiteren Sinn anzuwenden. Die Rechtsprechung hat ursprünglich nur körperliches Handeln unter den Gewaltbegriff gefasst. Im Laufe der Zeit hat sie daraus auch den psychischen Gewaltbegriff abgeleitet. Das dichte Auffahren auf der Autobahn mit Betätigen der Lichthupe, um den Vordermann zum Freigeben der Fahrspur zu zwingen, unterfällt nach inzwischen übereinstimmender Meinung ebenso dem Gewaltbegriff wie die körperliche Gewalt.

D.1.2 Staatsanwaltschaft

Die Staatsanwaltschaft (§§ 141 ff. GVG) ist die Herrin des Ermittlungsverfahrens. Da sie nicht (wie im angloamerikanischen Strafprozess) Partei ist, ist der Staatsanwalt bei seinen Ermittlungen zur strikten Objektivität verpflichtet. Er hat auch entlastende Umstände zu ermitteln und ggf. sogar nach der Urteilsverkündung zugunsten des Angeklagten Rechtsmittel einzulegen, wenn er im Gegensatz zu dem verurteilenden Gericht von der Unschuld (oder geringeren Schuld) des Verurteilten überzeugt ist. In der Hauptverhandlung vertritt der Staatsanwalt die Anklage. Das muss nicht unbedingt der Staatsanwalt sein, der die Anklageschrift verfasst hat; während der Hauptverhandlung kann der Sitzungsvertreter wechseln. Nach der Rechtskraft des Urteils übernimmt die Staatsanwaltschaft die Vollstreckung des Urteils (Beitreibung der Geldstrafe, Ladung zum Haftantritt usw.). Die Staatsanwaltschaft ist also Ermittlungs-, Anklage- und Vollstreckungsbehörde.

Der Staatsanwalt ist als Beamter weisungsgebunden. Er kann von seinem Vorgesetzten, dieser von den übergeordneten Behördenleitern in der Sache angewiesen werden. Dagegen hat er das Recht zur Remonstration (Gegenvorstellung). Allerdings ist der Staatsanwalt an das Gesetz gebunden; gesetzeswidrige Weisungen muss er nicht befolgen. Oberste Behörde ist der Justizminister, der sein Weisungsrecht durch Allgemeinverfügungen, nur in ganz seltenen Ausnahmefällen in einem Einzelfall ausübt.

D.1.3 Angeklagter

Im Mittelpunkt des Verfahrens steht der Angeklagte. Er ist nicht bloßes Objekt des Verfahrens, sondern mit eigenen Rechten ausgestattet. Zwar dürfen die Belange des Opfers nicht aus dem Blickfeld geraten; man darf aber nicht vergessen, dass der Angeklagte das Ziel des staatlichen Strafanspruches ist, gegen den er sich verteidigen können muss. Er hat das Recht auf Achtung der Menschenwürde, was z. B. schon in der höflichen Anrede „Herr X“ oder „Frau Y“ zum Ausdruck kommen muss.

Jeder Angeklagte hat das Recht auf einen Verteidiger (§§ 137 ff. StPO). Hat er dazu nicht die finanziellen Mittel, muss ihm in Fällen der „notwendigen Verteidigung“ ein Pflichtverteidiger auf Kosten des Staates bestellt werden. Notwendig ist die Verteidigung (§ 140 StPO), wenn

- die Sache in erster Instanz vor dem LG oder OLG stattfindet (Abs. 1 Nr. 1),
- dem Angeklagten ein Verbrechen zur Last gelegt wird (Abs. 1 Nr. 2),
- das Verfahren zu einem Berufsverbot führen kann (Abs. 1 Nr. 3) oder
- die Schwierigkeit der Sach- oder Rechtslage die Mitwirkung eines Verteidigers erfordert (Abs. 2).

Während der gesamten Hauptverhandlung besteht ein Anwesenheitsrecht des Angeklagten (§ 230 StPO), aber auch eine Anwesenheitspflicht. Nur in den gesetzlich festgelegten Fällen kann die Hauptverhandlung in zeitweiliger Abwesenheit des Angeklagten fortgeführt werden:

- Versucht der Angeklagte, sich aus der Sitzung zu entfernen, hat der Vorsitzende dies zu verhindern (§ 231 Abs. 1 StPO). Notfalls hat er ihn im Saal bewachen und in den Sitzungspausen in Gewahrsam nehmen zu lassen. Entfernt sich der Angeklagte dennoch, kann die Hauptverhandlung zu Ende geführt werden, wenn er über die Anklage bereits vernommen war und seine Anwesenheit vom Gericht nicht für erforderlich erachtet wird (§ 231 Abs. 2 StPO).

- Bei ordnungswidrigem Benehmen des Angeklagten kann er aus dem Sitzungssaal abgeführt werden (§ 231b StPO i. V. m. § 177 GVG). Die Entscheidung trifft das Gericht. Es kann ohne den Angeklagten weiterverhandeln, wenn seine Anwesenheit entbehrlich ist. Allerdings muss der Angeklagte die Gelegenheit bekommen, sich zur Anklage zu äußern. Er ist zur Verhandlung wieder zuzulassen, wenn seine Anwesenheit die Verhandlung nicht mehr in schwerwiegender Weise beeinträchtigt.
- Die Abwesenheit eines Angeklagten bei einzelnen Verhandlungsteilen kann für den Fall gestattet werden, wenn bei mehreren Angeklagten ein Angeklagter von Teilen der Verhandlung nicht betroffen ist (§ 231c StPO). Die Erlaubnis erteilt das Gericht.
- Das Gericht kann anordnen, dass sich der Angeklagte aus dem Sitzungssaal zu entfernen hat, wenn befürchtet wird, dass ein Zeuge in seiner Anwesenheit (z. B. aus Angst) nichts oder nicht die Wahrheit sagen wird (§ 247 Satz 1 StPO).
- Bei Zeugen unter 18 Jahren und Personen, bei denen ein Nachteil für ihre Gesundheit zu befürchten ist, kann das Gericht die Entfernung des Angeklagten für die Dauer der Vernehmung anordnen (§ 247 Satz 2 StPO). Der Zeuge soll vor einer für ihn unerträglichen Belastung durch die Konfrontation mit dem Angeklagten bewahrt werden.
- Während der Erörterungen über den körperlichen oder geistigen Zustand des Angeklagten kann dieser aus dem Sitzungssaal entfernt werden (§ 247 Satz 3 StPO).

Diese Ausnahmefälle sind abschließend. Es sind keine anderen Fälle zulässig, in denen ohne den Angeklagten verhandelt werden kann. Ein Verstoß gegen die Anwesenheitspflicht des Angeklagten außerhalb der gesetzlichen Ausnahmen begründet die Revision.

Den größten Einfluss auf die Gestaltung der Ermittlungen und der Hauptverhandlung kann der Angeklagte durch das Recht ausüben, Beweisanträge zu stellen (§§ 219, 244 bis 246 StPO). Ihm steht das Fragerecht an Zeugen und Sachverständige zu (§ 240 Abs. 2 StPO), nicht aber das Recht der Befragung von Mitangeklagten. Der Angeklagte hat in jeder Lage des Verfahrens einen Anspruch auf rechtliches Gehör (Art. 103 Abs. 1 GG). Nach jeder Vernehmung eines Mitangeklagten und nach jeder einzelnen Beweiserhebung hat er das Recht, dazu etwas zu erklären (§ 257 StPO).

Weil die Gerichtssprache deutsch ist (§ 184 Satz 1 GVG), hat der Angeklagte, der der deutschen Sprache nicht mächtig bzw. hör- oder sprachbehindert ist, einen Anspruch auf einen Dolmetscher bzw. geeignete technische Hilfsmittel (§§ 185 ff. GVG).

D.1.4 Verteidigung

Der Verteidiger (§§ 137 ff. StPO) ist einerseits den Interessen seines Mandanten verpflichtet, gleichzeitig aber ein dem Gericht und der Staatsanwaltschaft gleichgeordnetes Organ der Rechtspflege. Er darf alle gesetzlich zulässigen Mittel zur Verteidigung des Angeklagten einsetzen. Ein Recht zur Lüge und Täuschung hat der Verteidiger jedoch nicht. Er hat dafür zu sorgen, dass der Angeklagte ein faires Verfahren bekommt, ist aber nicht nur auf diese passive Rolle beschränkt. Ihm steht das Recht zu, Lücken in Straf- und Verfahrensrecht oder Fehler des Gerichts zugunsten des Angeklagten zu nutzen. Dies zwingt das Gericht zu präziser Arbeit. Der Verteidiger hat die Möglichkeit zur Gestaltung des Prozesses. Er kann Beweisanträge stellen, Akten einsehen, Fragen an Zeugen und Sachverständige richten und in der gesamten Hauptverhandlung anwesend sein (selbst wenn der Angeklagte ausgeschlossen wurde). Er nimmt diese Rechte immer für den Angeklagten wahr, nicht in eigenem Namen. Weisungen kann der Angeklagte dem Verteidiger nicht erteilen. Grenzen sind der Verteidigung durch die Persönlichkeits- und Verfahrensrechte der anderen Beteiligten gesetzt.

Der Verteidiger ist zum Schweigen über das verpflichtet, was er in dieser Eigenschaft erfährt. Legt der Angeklagte ihm gegenüber ein Geständnis ab, darf er dieses gegen den Willen des Angeklagten nicht offenbaren. Er darf zwar weiter den Freispruch des Mandanten anstreben, jedoch nur mit zulässigen Mitteln. Für den Verteidiger wird es in diesem Fall schwierig, weil er keinen Zeugen mehr benennen kann, der bekunden soll, dass der Angeklagte nicht der Täter sein könne. Er würde den Zeugen der Gefahr einer Falschaussage aussetzen.

Der Verteidiger kann aus dem Verfahren ausgeschlossen werden, wenn er selbst mit der Tat in Verbindung steht, den Angeklagten zu Straftaten missbraucht, die Anstaltssicherheit gefährdet oder durch seine Mitwirkung bei Staatsschutzdelikten die Staatssicherheit gefährdet. Als Organ der Rechtspflege kann der Verteidiger nicht wegen Ungebühr aus dem Gerichtssaal entfernt werden (§ 177 GVG). Im Rahmen der Sitzungsleitung des Vorsitzenden ist jedoch die Entziehung des Wortes möglich (§ 238 Abs. 1 StPO). Des Weiteren können Fragen des Verteidigers zurückgewiesen werden (§ 241 Abs. 2 StPO). Die unzulässige Beschränkung der Verteidigung durch das Gericht in einem für die Entscheidung wesentlichen Punkt kann jedoch einen absoluten Revisionsgrund darstellen (§ 338 Nr. 8 StPO).

D.1.5 Verletzter

In den letzten Jahren hat der Gesetzgeber dem Opferschutz in zunehmendem Umfang Rechnung getragen. Dem Verletzten stehen Möglichkeiten zur Verfügung, mit denen er seine Rechte verfolgen kann. Staatsanwaltschaft und Gericht haben die Pflicht, den Verletzten auf diese Rechte hinzuweisen (§ 406h StPO).

(a) Bei bestimmten Taten (u. a. Sexualdelikte, Taten gegen die persönliche Ehre, Körperverletzung, Taten gegen die persönliche Freiheit sowie Versuch des Mordes und des

Totschlages) hat der Verletzte das Recht, sich dem Verfahren mit der **Nebenklage** anzuschließen (§ 395 StPO). Damit tritt er neben den Staatsanwalt als eigenständiger Kläger mit allen Rechten (§ 397 StPO). Der Nebenkläger (bzw. sein Rechtsanwalt) kann Richter und Sachverständige wegen der Besorgnis der Befangenheit ablehnen, Fragen an Angeklagte, Zeugen und Sachverständige stellen, Fragen beanstanden, Beweisanträge stellen und Erklärungen abgeben. Nach dem Urteil kann er Rechtsmittel einlegen. Dem Nebenkläger kann nach den Grundsätzen der Prozesskostenhilfe ein Rechtsanwalt beigeordnet werden, wenn er seine Interessen nicht selbst wahrnehmen kann oder ihm dies nicht zuzumuten ist.

(b) Bei bestimmten schweren Delikten aus dem Nebenklagekatalog ist auf Antrag des Nebenklägers ein sog. **Opferanwalt** zu bestellen, für den die gleichen Vorschriften wie für den Vertreter eines Nebenklägers gelten (§ 397a StPO). Liegen die Voraussetzungen der Nebenklage nicht vor, kann ein Anwalt nach den Grundsätzen der Prozesskostenhilfe beigeordnet werden. In der Hauptverhandlung entscheidet über die Zuziehung des Opferanwaltes oder die Gewährung von Prozesskostenhilfe der Vorsitzende.

(c) Problematisch kann die Stellung des **Verletzten als Zeuge** in der Hauptverhandlung sein. Zum einen hat der Angeklagte bzw. sein Verteidiger das Recht, die Glaubwürdigkeit des Opfers einer Straftat zu überprüfen; andererseits muss auf die besondere psychische Lage – vor allem bei Opfern von Gewalttaten – Rücksicht genommen werden. Deshalb sieht die StPO zwei Institute vor: den Verletztenbeistand und die Vertrauensperson (§ 406f StPO). Bei einer Vernehmung des Verletzten ist die Anwesenheit eines Rechtsanwalts als **Verletztenbeistand** gestattet. Er kann Fragen beanstanden und den Ausschluss der Öffentlichkeit zum Schutz der Privatsphäre des Verletzten beantragen (§ 171b GVG). Eine Verhinderung des Beistandes stellt keinen Grund für eine Vertagung oder ein Zeugnisverweigerungsrecht des Verletzten dar. Der Verletzte kann sich, wenn er als Zeuge vernommen wird, einer **Vertrauensperson** bedienen. Das kann ein Rechtsanwalt sein, aber auch jede andere Person, die das Vertrauen des Verletzten genießt. Die Zulassung der Vertrauensperson steht in der Hauptverhandlung im pflichtgemäßen Ermessen des Vorsitzenden. Die Vertrauensperson kann auch als Hilfsperson für das Gericht tätig werden, etwa wenn es sich bei dem Verletzten um eine schwer hörgeschädigte oder geistig zurückgebliebene Person handelt und die Vertrauensperson die Verständigung zwischen dem Verletzten und dem Gericht herstellt.

(d) Der Verletzte kann durch einen Rechtsanwalt die Akten einsehen, wenn sie dem Gericht vorliegen oder vorzulegen wären (§ 406e StPO). Der Antrag kann nur dann versagt werden, wenn überwiegende schutzwürdige Interessen des Angeklagten oder anderer Personen entgegenstehen, der Untersuchungszweck gefährdet ist oder das Verfahren erheblich verzögert würde.

(e) Zur Nebenklage befugte Verletzte können sich ebenfalls eines Rechtsanwaltes bedienen, der ein Anwesenheitsrecht in der Hauptverhandlung hat.

(f) In der Hauptverhandlung kann zum Schutz des Verletzten die Öffentlichkeit ausgeschlossen werden (§ 171b GVG); dem Verletzten soll bei ausgeschlossener Öffentlichkeit der Zutritt gestattet werden (§ 175 Abs. 2 GVG). Ihm ist der Ausgang des gerichtlichen Verfahrens mitzuteilen, soweit er betroffen ist.

(g) Mit dem **Adhäsionsverfahren** (§§ 403 bis 406c StPO) kann der Verletzte einen aus der Straftat erwachsenen vermögensrechtlichen Anspruch (z. B. Schadenersatz) im Strafprozess geltend machen, ohne dafür einen gesonderten Zivilprozess anstrengen zu müssen. Vorteile hat bei diesem Verfahren nicht nur der Geschädigte, weil kein zweiter Prozess notwendig ist. Auch der Angeklagte kann von diesem Verfahren profitieren. Das Gericht kann die wirtschaftliche Gesamtsituation bei der Bemessung der Strafe sofort berücksichtigen. Auf diese Weise kommt der Geschädigte schneller an sein Geld. Allerdings kann das Gericht von einer Entscheidung im Adhäsionsverfahren absehen, wenn es das Verfahren für ungeeignet hält. Deshalb kommt dieses Verfahren in der Praxis (leider) nicht sehr häufig vor.

D.2 Beginn der Hauptverhandlung bis zur Verlesung der Anklage

Die Hauptverhandlung beginnt mit dem **Aufruf der Sache** (§ 243 Abs. 1 StPO). Der Vorsitzende stellt fest, ob alle Geladenen anwesend sind. Ist der Angeklagte nicht erschienen, wird seine ordnungsgemäße Ladung anhand der Akten geprüft. Wurde er ordentlich zur Hauptverhandlung geladen und liegt eine genügende Entschuldigung nicht vor, muss entschieden werden, ob ein neuer Termin festgesetzt und der Angeklagte durch die Polizei vorgeführt oder ein Haftbefehl gegen ihn erlassen wird. Der Vorsitzende kann sich vorbehalten, außerhalb der Hauptverhandlung Nachforschungen anzustellen und danach die notwendigen Maßnahmen zu veranlassen.

Sind alle Zeugen erschienen, erfolgt eine **Belehrung** durch den Vorsitzenden auf ihre Wahrheitspflicht und die Möglichkeit, sie zu vereidigen. Er bittet sie dann, den Saal zu verlassen (§ 243 Abs. 2 Satz 1 StPO). Die Zeugen werden einzeln und in Abwesenheit der später zu hörenden Zeugen vernommen (§ 58 StPO).

Danach folgt die **Vernehmung des Angeklagten über seine persönlichen Verhältnisse** (§ 243 Abs. 2 Satz 2 StPO). Zur Angabe der Personalien, die der Identifizierung der Person dienen (Vor-, Nach- und Geburtsname, Tag und Ort der Geburt, Familienstand, Beruf, Anschrift und Staatsangehörigkeit), ist der Angeklagte verpflichtet. Die darüber hinausgehenden persönlichen Verhältnisse (Vorleben, Vorstrafen, schulischer und beruflicher Werdegang, familiäre und wirtschaftliche Verhältnisse, Einkommen) gehören zur Vernehmung zur Sache. Mit der Vernehmung zur Person endet das Recht, aufgrund bislang bekannter Tatsachen einen Richter wegen der Besorgnis der **Befangenheit** abzulehnen (§ 25 Abs. 1 StPO, vgl. Bd. 1, S. 105 ff.)

Die Einführung des zu verhandelnden Sachverhaltes erfolgt mit der **Verlesung des Anklagesatzes** durch den Staatsanwalt, ggf. auch mit den abweichenden rechtlichen Auffassungen des Gerichts, die im Eröffnungsbeschluss niedergelegt sind (§ 243 Abs. 3 StPO). Die Anklage begrenzt den Prozessstoff (siehe A.4.3).

D.3 Vernehmung des Angeklagten zur Sache

Der Beginn der Vernehmung zur Sache stellt einen weiteren Einschnitt im Verfahren dar:

- Der Angeklagte kann sich bis dahin auf die funktionelle (§ 6a StPO) und örtliche Unzuständigkeit des Gerichts berufen (§ 16 StPO).
- Eine Nichteinhaltung der Ladungsfrist muss bis zu diesem Zeitpunkt gerügt werden (§ 217 Abs. 2 StPO).
- Im Verfahren vor dem LG muss der Einwand der fehlerhaften Besetzung vorgebracht werden (§ 222b StPO).

Der Angeklagte wird belehrt, dass er sich zur Sache – persönliche Verhältnisse und Tatvorwurf – nicht äußern muss (§ 243 Abs. 5 Satz 1 StPO, siehe A.4.7). Aus seinem **Schweigen** dürfen keine für ihn nachteiligen Schlüsse gezogen werden. Wechselt er jedoch, nachdem er sich zunächst zur Sache eingelassen hat, seine Taktik und verweigert die Antwort auf weitere Fragen, kann das Gericht aus diesem **Teilschweigen** Schlussfolgerungen ziehen. Hierauf ist der Angeklagte fairerweise zu belehren. Werden dem Angeklagten mehrere Straftaten vorgeworfen, gilt das Schweigerecht gesondert für jede einzelne Straftat. Zulässig ist es, zu einem Tatvorwurf zu schweigen, zu anderen Anklagepunkten hingegen Angaben zu machen. Macht der Angeklagte in der Hauptverhandlung von seinem Schweigerecht Gebrauch, hat aber im Ermittlungsverfahren Angaben gemacht, kann die Vernehmungsperson als Zeuge befragt werden, wenn der Angeklagte vor seiner damaligen Vernehmung ordentlich belehrt wurde. Wurde er durch einen Richter vernommen, kann auch das Vernehmungsprotokoll verlesen werden (§ 254 Abs. 1 StPO).

Dem Angeklagten soll mit seiner **Einlassung** zunächst Gelegenheit gegeben werden, sich im Zusammenhang zu der Anklage zu äußern. Vorhaltungen oder klarstellende und steuernde Fragen des Vorsitzenden sind zulässig; der zusammenhängende Bericht darf aber nicht ständig unterbrochen werden. Die Vernehmung des Angeklagten erfolgt grundsätzlich mündlich und kann nicht ohne weiteres durch Verlesung einer schriftlichen Erklärung ersetzt werden. Ihm kann jedoch gestattet werden, zunächst eine (ggf. vom Verteidiger vorbereitete) Erklärung zur Sache zu verlesen. Er kann dann aber weiter befragt werden. Verweigert er die Antwort, kann sich das Gericht über dieses Teilschweigen eine Auffassung bilden. Ein Sachvortrag des Verteidigers (auch in einem Beweisantrag oder schriftlich formulierten Geständnis) kann dem Angeklagten nur zugerechnet werden, wenn er den Vortrag als eigene Einlassung gelten lassen will.

Praxistipps

- Mit dem Beginn der Hauptverhandlung sind die Schöffen mit den Berufsrichtern gleichgestellte Richter (vgl. Bd. 1, S. 46 ff.).
- Vor der Hauptverhandlung sollte der Vorsitzende die Schöffen über den Prozessstoff informieren sowie über Tatsachen, die den Ausschluss oder die Besorgnis der Befangenheit rechtfertigen.
- Die Schöffen sollten bereits jetzt darauf hinweisen, dass ihnen nach der Verlesung des Anklagesatzes eine Abschrift ausgehändigt wird (vgl. Bd. 1, S. 88 f.).
- Schöffen haben insbesondere auf Verständlichkeit und Plausibilität des Verfahrens zu achten, damit (vor allem) Zeugen und Angeklagte nicht zu reinen Objekten der Verhandlung werden. Sie sind nicht unwesentlich für die „Prozesshygiene" zuständig.
- Als Mitglieder eines Kollektivorgans entlasten die Schöffen den mit der Verhandlungsleitung und Beachtung von Förmlichkeiten befassten Vorsitzenden. Sie können sich der Beobachtung der Reaktionen von Zeugen sowie der Personen, die gerade nicht vernommen werden, widmen.

Teil E Die Beweisaufnahme

In der Beweisaufnahme wird der in der Anklage formulierte Vorwurf gegen den Angeklagten in allen Einzelheiten auf seinen Wahrheitsgehalt überprüft. Teil E informiert über die Beweisarten und Beweismittel sowie die Möglichkeiten der Verfahrensbeteiligten, aktiv an der Hauptverhandlung mitzuwirken. Vernehmungs- und Fragetechnik werden anschaulich erläutert. Eine rechtsstaatliche Begrenzung der Aufklärungspflicht erfolgt durch Beweisverbote.

E.1 Allgemeine Grundsätze des Beweisrechts

Stellen Sie sich vor, Sie gehen nachts durch eine dunkle Gasse und finden einen Menschen in einer Blutlache liegen. Sie knien sich nieder und sehen, dass er ein Messer in der Brust hat. Als Sie es gerade herausziehen wollen, hören Sie, wie sich andere Personen nähern. Schlagartig wird Ihnen Ihre Situation bewusst. In Panik ergreifen Sie die Flucht, aber Sie werden gestellt. Sie werden sich einen weisen Richter wünschen.[5]

Die Anklage, die der Staatsanwalt verliest, stellt das Ergebnis seiner Ermittlungen dar. In der Hauptverhandlung sind diese Behauptungen durch die vorhandenen Beweismittel zur Überzeugung des Gerichts nachzuweisen. Wichtigste Aufgabe des Gerichts ist die sorgfältige Feststellung der Tatsachen, die für eine Verurteilung wegen der angeklagten Tat erforderlich sind.

Ziel der Beweisaufnahme ist es zu klären,

- ob die angeklagte Tat dem Angeklagten nachzuweisen ist oder eine Verurteilung aus tatsächlichen oder rechtlichen Gründen nicht in Betracht kommt;
- welche Umstände einem überführten Täter strafmildernd oder strafschärfend zugerechnet werden können, um schuld- und tatangemessene Sanktionen gegen ihn festzusetzen.

Dabei dürfen nur solche Tatsachen festgestellt werden, die für die angeklagte Tat erheblich sind, d. h. in Beziehung zu dem Tatbestand des Strafgesetzes oder zu den für die Strafbemessung wichtigen Umständen stehen. Ist der Angeklagte eines Diebstahls beschuldigt, haben Fragen nach seinem Sexualleben nur selten einen Bezug zum Tatvorwurf. Die Beweisaufnahme soll nicht die Wahrheit über den Angeklagten feststellen, sondern nur eine prozessuale Wahrheit über die in der Anklage enthaltenen Taten. Bei der Erhebung der Beweise sind dem Gericht rechtliche Grenzen gesetzt. Lassen sich die Tatsachen nicht beweisen oder bestehen Zweifel daran, ist freizusprechen.

---

5 *Curt Goetz* in der Komödie „Hokuspokus oder: Wie lasse ich meinen Mann verschwinden ...?“ (1953).

E.1.1 Beweisverfahren: Strengbeweis, Freibeweis

Im modernen Strafprozess wird das Urteil des Gerichts auf die Basis rationaler Erkenntnisse gestellt, die durch bestimmte Beweismittel erlangt werden. Den Nachweis aller Tatsachen, die für den Hergang der Tat, die Schuld des Täters und die Höhe der Strafe von Bedeutung sind, muss das Gericht mit den sog. Strengbeweismitteln führen: Zeugen, Sachverständige, richterlicher Augenschein und Urkunden. Die Einlassung des Angeklagten ist im strengen Sinn kein Beweismittel, weil der Angeklagte nicht verpflichtet ist, die Wahrheit zu sagen. Andererseits sind seine Ausführungen zu den Vorwürfen eine Erkenntnisquelle für das Gericht, die bei der Beweiswürdigung berücksichtigt werden.

Die übrigen Umstände – im Wesentlichen reine Verfahrensfragen – können im Freibeweisverfahren ermittelt werden. Dabei ist das Gericht weder an die strengen Beweismittel noch an die Art der Beweiserhebung gebunden. Auch werden an die Überzeugung des Gerichts geringere Anforderungen gestellt. Die Tatsachen müssen nur „wahrscheinlich" sein. Ist ein Zeuge nicht erschienen und wird anhand der Akten festgestellt, dass er 7 Tage vor der Hauptverhandlung ordentlich geladen wurde, kann z. B. durch einen Anruf bei dem Arbeitgeber ermittelt werden, ob er möglicherweise ortsabwesend ist und ihn die Ladung nicht erreicht hat, bevor Ordnungsmaßnahmen ergriffen werden.

E.1.2 Tatsachen und Indizien

Grundsätzlich sind alle Tatsachen daraufhin zu überprüfen, welche Aussagekraft sie im Hinblick auf die angeklagte Tat haben. Tatsachen, die einen unmittelbaren Schluss auf die Tat zulassen, werden als Haupttatsachen bezeichnet. Dazu gehört etwa der Zeuge, der den Täter bei der Tat beobachtet hat. Hilfstatsachen oder Indizien (vgl. Bd. 1, S. 94) sind solche, die nur den Schluss auf eine Haupttatsache zulassen. Der Fingerabdruck am Tatort lässt den Schluss auf die Anwesenheit der Person zu; zum Nachweis der Täterschaft ist er allein nicht geeignet.

E.1.3 Beweisantrag

Das Gericht ist von Amts wegen zur Wahrheitserforschung verpflichtet und muss auch ohne Antrag jedes Beweismittel heranziehen, das zur Aufklärung des Sachverhalts erforderlich ist. Alle Prozessbeteiligten haben das Recht, Anträge zur Beweisaufnahme zu stellen. Das Gericht muss zulässigen Beweisanträgen nachgehen. Ein unzulässiger Beweisantrag wird abgelehnt. Das ist dann der Fall, wenn

- die Beweiserhebung unmöglich oder verboten ist (z. B. weil der Zeuge sich auf ein Zeugnisverweigerungsrecht beruft),
- über den Beweisgegenstand bereits rechtskräftig entschieden ist oder
- die zu beweisende Tatsache mit der verhandelten Sache nichts zu tun hat.

Im Übrigen darf ein Beweisantrag nur abgelehnt werden, wenn

- die Beweistatsache offenkundig und die Beweiserhebung deshalb überflüssig ist,
- die behauptete Tatsache für die Entscheidung tatsächlich oder rechtlich unerheblich oder schon erwiesen ist,
- das Beweismittel völlig ungeeignet oder unerreichbar ist,
- der Beweisantrag zum Zweck der Prozessverschleppung gestellt wurde,
- eine den Angeklagten entlastende Tatsache als wahr unterstellt werden kann.

Ein Beweisantrag auf Einholung eines Gutachtens und Vernehmung des Sachverständigen kann abgelehnt werden, wenn das Gericht die erforderliche Sachkunde selbst besitzt. Ist bereits ein Gutachten erstattet worden, kann die Anhörung eines weiteren Sachverständigen abgelehnt werden, wenn das Gegenteil der vom Antragsteller behaupteten Tatsache bereits durch das frühere Gutachten erwiesen ist. Liegen mehrere Gutachten vor, die einander widersprechen oder Zweifel offenlassen, kann ein Obergutachten eingeholt werden.

Bloße Beweisermittlungsanträge kann das Gericht zurückweisen. Das sind solche Anträge, bei denen der Angeklagte bzw. sein Verteidiger hoffen, dass bei weiteren Ermittlungen etwas Günstiges für den Angeklagten herauskommt. Sprachlich erkennt man einen Beweisermittlungsantrag meist daran, dass Beweis erhoben werden soll, „ob, wann, wie oder wo“ eine Tatsache sich ereignet hat oder eingetreten ist.

E.1.4 Beweisverbote

Der Gewinnung von Beweisen sind aus rechtsstaatlichen Gründen Grenzen gesetzt (Verhältnismäßigkeit, Schutz der Menschenwürde oder Privatsphäre, Verbot, den freien Willen zu brechen usw.). Der Zweck des Strafverfahrens, Straftaten aufzuklären und abzuurteilen, kann zurücktreten, wenn andere staatliche oder private Interessen überwiegen. Dieser Interessenabwägung dienen die Beweisverbote, die in Beweiserhebungs- und Beweisverwertungsverbote unterschieden werden. Beweiserhebungsverbote untersagen, einem bestimmten Beweis überhaupt nachzugehen; ein Beweisverwertungsverbot besteht, wenn ein zulässig oder unzulässig erhobener Beweis, der zur Kenntnis des Gerichts gelangt ist, für die Urteilsbildung nicht herangezogen werden darf.

Eine Beweiserhebung ist nur über Tatsachen zulässig. Über Rechtsfragen kann kein Beweis erhoben werden; über diese muss das Gericht aus eigener Sachkunde entscheiden. Eine (seltene) Ausnahme kann bestehen, wenn Fragen aus einem fremden Rechtskreis bei der Entscheidung des deutschen Verfahrens eine Rolle spielen können (z. B. wenn es bei der Klärung, ob sich der Angeklagte in einem Rechtsirrtum befunden hat, darauf ankommt, was afrikanisches Stammesrecht zu dieser Frage regelt). Dann kann ein Gutachter gehört werden, der in diesen Rechtsfragen sachverständig ist. Auch die Praxis anderer Gerichte (z. B. welche Strafen diese in bestimmten Fällen verhängen) ist einer Beweisaufnahme nicht zugänglich. Tatsachen, die bereits rechtskräftig von einem anderen Gericht durch rechtsgestaltendes Urteil festgestellt sind, können ebenso nicht Gegenstand einer Beweisaufnahme sein. Hat z. B. das Familiengericht festgestellt, dass der Angeklagte der Vater des Kindes ist, ist das Strafgericht bei der Beurteilung, ob er sich einer Unterhaltspflichtverletzung schuldig gemacht hat, an diese Feststellung gebunden.

E.1.4.1 Beweiserhebungsverbote

Das Gericht muss in der Hauptverhandlung überprüfen, ob Erkenntnisse im Ermittlungsverfahren unzulässig erhoben wurden. Vier verschiedene Arten von Beweiserhebungsverboten untersagen die Gewinnung eines Beweises.

(a) Beim Beweisthemenverbot dürfen bestimmte Sachverhalte nicht zum Gegenstand einer Beweisaufnahme gemacht werden. Hierzu gehört der Bereich der Geheimnisse. So darf die Beratung des Gerichts (mit geringen Ausnahmen) nicht ausgeforscht werden, weil die Richter eine Pflicht zur Wahrung des Beratungsgeheimnisses trifft (§§ 43, 45 Abs. 1 DRiG). Von dieser Schweigepflicht können sie nicht entbunden werden. Weiter darf das Gericht getilgte oder tilgungsreife Vorstrafen nicht berücksichtigen. Einige Themen dürfen nur unter bestimmten Voraussetzungen zum Gegenstand der Beweisaufnahme gemacht werden. Ein Beamter oder Richter darf über dienstliche Kenntnisse nur im Rahmen seiner Aussagegenehmigung (§ 54 StPO) vernommen werden.

(b) Das Beweismittelverbot untersagt, bei der Beweisaufnahme bestimmte Beweismittel zu benutzen. So darf die Aussage einer Person, die zur Verweigerung des Zeugnisses berechtigt ist und die auf dieses Recht nicht belehrt wurde, nicht verwertet werden. Unzulässig ist es auch, sich auf einen Mitangeklagten als Zeugen zu berufen.

(c) Das Beweismethodenverbot untersagt bestimmte Maßnahmen oder Vorgehensweisen wie Misshandlung, Täuschung, Drohung (§ 136a StPO):

- Eine Übermüdung darf nicht zur Vernehmung ausgenutzt werden.
- Hemmungslösende Mittel („Wahrheitsserum“) zu verabreichen, ist ebenso untersagt, wie einem starken Raucher über lange Zeit keine Zigaretten zu geben, um ihn zum Reden zu bringen.
- Verboten ist die Zufügung körperlicher oder seelischer Schmerzen.
- Es ist verboten, den Beschuldigten zu täuschen. Das heißt nicht, dass ihm keine Falle gestellt werden darf. Unzulässig ist eine glatte Lüge, die die Situation des Beschuldigten in entscheidender Weise verdreht. Klassischer Fall: Der Vernehmende sagt dem Beschuldigten wahrheitswidrig, sein Komplize habe bereits gestanden. Macht der Beschuldigte daraufhin eine Aussage, die auch ihn selbst belastet, ist diese wegen Täuschung nicht verwertbar. Allerdings ist das bloße listige Verschweigen von Tatsachen nicht verboten.
- Die Drohung mit unzulässigen Maßnahmen ist verboten, die Drohung mit zulässigen Maßnahmen hingegen erlaubt.

- Das Versprechen von nicht erfüllbaren Vorteilen ist verboten (z. B. ein Polizeibeamter verspricht dem Beschuldigten für ein Geständnis die Aussetzung der Strafe zur Bewährung).

(d) Bestimmte Beweiserhebungen sind nur einem bestimmten Personenkreis erlaubt (z. B. die Entnahme einer Blutprobe durch einen Arzt, die Anordnung der Beschlagnahme durch einen Richter oder bei Gefahr im Verzug durch einen Staatsanwalt).

(e) In letzter Zeit wird darüber diskutiert, ob der Einsatz eines Lügendetektors (Polygraf) zulässig sein soll. Der BGH ist hier zurückhaltend, weil er einen unzulässigen Druck auf den Angeklagten befürchtet, auch wenn der Lügendetektor nur zu Gunsten des Angeklagten verwendet werden dürfte, um ihn ggf. als Täter auszuschließen.

E.1.4.2 Beweisverwertungsverbote

Nicht jeder unzulässig erhobene Beweis führt automatisch dazu, dass die durch ihn gewonnenen Erkenntnisse für die Urteilsfindung nicht verwertet werden dürfen. Entscheidend ist, ob höherwertige Rechtsgüter als die Bestrafung eines Täters und die Sicherheit der Allgemeinheit den Verzicht auf Beweismittel und Beweisergebnisse unabweislich machen. In folgenden Fällen dürfen unzulässig erhobene Beweise nicht verwertet werden:

(a) Gesetzliche Verwertungsverbote: Erkenntnisse, die mit verbotenen Methoden (§ 136a Abs. 3 StPO) gewonnen wurden, dürfen nicht verwertet werden. Die Aussage eines vor der Hauptverhandlung vernommenen Zeugen, der in der Hauptverhandlung von seinem Zeugnisverweigerungsrecht Gebrauch macht, darf nicht verlesen werden (§ 252 StPO). Eine Verurteilung, die im Bundeszentralregister zu löschen ist, darf für die Strafzumessung nicht verwendet werden.

(b) Die Rechtsprechung hat Fallgruppen außergesetzlicher Beweisverwertungsverbote entwickelt:

- wenn Strafverfolgungsorgane gegen ein Beweiserhebungsverbot, das dem Schutz des Beschuldigten dient, bewusst verstoßen (Gebot des fairen Verfahrens);
- wenn der durch das Verbot gewährleistete Schutz gerade durch die Verwertung entfallen würde; z. B. darf bei einer unterbliebenen Belehrung des Zeugen (§ 136 StPO) über sein Auskunftsverweigerungsrecht (§ 55 StPO) seine Aussage zwar gegen den Angeklagten dieses Verfahrens verwertet werden, wegen des Selbstbegünstigungsprinzips (siehe A.4.7) aber nicht in einem späteren Strafverfahren gegen ihn selbst;
- wenn bei einer an sich zulässigen Telefonüberwachung weitere Straftaten bekannt werden, derentwegen die Telefonüberwachung nicht hätte angeordnet werden dürfen.

(c) Kein Verwertungsverbot liegt vor, wenn der Rechtskreis des Angeklagten durch den fehlerhaft erhobenen Beweis nicht wesentlich berührt ist. Dies ist der Fall, wenn

- ein Beamter ohne Aussagegenehmigung aussagt (§ 54 StPO);
- ein bloßer Zuständigkeitsverstoß im Rahmen des § 81a StPO vorliegt, z. B. ein Nichtarzt die Blutprobe entnimmt, dabei aber die Regeln der ärztlichen Kunst einhält;
- die Verwertung auf das Urteil keinen Einfluss hat, z. B. bei einer unterlassenen Belehrung über ein Aussageverweigerungsrecht, wenn der nicht belehrte Angeklagte sein Schweigerecht kennt, aber gleichwohl aussagt;
- nur gegen bloße Ordnungsvorschriften verstoßen wird.

(d) Ein selbstständiges Beweisverwertungsverbot (ohne vorherigen Verstoß gegen ein Verbot zur Gewinnung des Beweises) kann bestehen, wenn durch die Beweiserhebung in die Privatsphäre des Angeklagten eingedrungen wird:

- Wenn die Information im unantastbaren „Kernbereich" der Persönlichkeit (Intimbereich) gewonnen wurde (z. B. Tagebuch), herrscht ein generelles Beweisverwertungsverbot. Eine Ausnahme ist aber bei einem Mord gemacht worden, bei dessen Aufklärung das Interesse an der Strafverfolgung wichtiger war als der Schutz der Persönlichkeit.
- Stammt die durch den Beweis gewonnene Information aus dem Privatbereich (z. B. Aufzeichnung eines Telefongesprächs), muss eine Abwägung erfolgen. Es kommt auf die Schwere des Delikts an; je schwerer das Delikt, umso eher ist die Information verwertbar.

> Beim Ankauf sog. Steuer-CDs sind die Daten von dem Verkäufer oder einem Dritten zuvor dem Berechtigten entwendet worden. Nach der Auffassung des BVerfG darf das Strafgericht diese Daten verwenden, um Angeklagte der Steuerhinterziehung zu überführen. Nicht jede unzulässige oder rechtswidrige Beweiserhebung führt zu einem Beweisverwertungsverbot. Das Rechtsstaatsprinzip erfordert die Berücksichtigung einer funktionstüchtigen Strafrechtspflege, ohne die der Gerechtigkeit nicht zum Durchbruch verholfen werden kann.[6]

(e) Stammen die Daten aus der öffentlichen Sphäre, ist eine Verwertung der durch die Beweiserhebung gewonnenen Information zulässig (z. B. Nachweis eines Diebstahls durch Videokamera).

(f) Darf ein mit verbotenen Methoden gewonnenes Wissen nicht gegen den Angeklagten verwendet werden, ist streitig, wie zu verfahren ist, wenn aufgrund des illegal erworbenen Wissens weitere legale Ermittlungen ermöglicht werden, die ihrerseits Erkenntnisse über eine Täterschaft erbringen. Man spricht von der **Fernwirkung eines**

6 BVerfG, Beschluss vom 07. 12. 2011, Az.: 2 BvR 2500/09, 2 BvR 1857/10, BVerfGE 130, S. 1, 25 f.

Beweisverbotes oder den „Früchten des vergifteten Baumes".[7] Nach der überwiegenden Rechtsprechung ist eine Verwertung solcher Erkenntnisse zulässig. Die Fernwirkung des Beweisverbotes verbietet nicht automatisch die Verwertung der durch anschließende legale Methoden gewonnenen Erkenntnisse. Nach der Rechtsprechung des BGH kann für eine effektive Strafverfolgung auf derartige Methoden nicht verzichtet werden, da man nicht wissen könne, ob der Beweis nicht auch ohne die unzulässige Beweiserhebung gefunden worden wäre. Dieses Argument des BGH arbeitet mit einem hypothetischen Verlauf der Ermittlungen. Für die Verwertbarkeit der gefundenen Beweismittel reicht somit die bloße Möglichkeit aus, dass die Ermittlungsbehörden auch ohne den Verstoß das erforderliche Beweismaterial gefunden hätten.

Beispiel:
Bei der Durchsuchung einer Wohnung, die die Polizei ohne richterliche Anordnung durchführt, weil sie fehlerhaft eine „Gefahr im Verzug" angenommen hat, findet sie ein Schriftstück, das einen Hinweis auf den Aufenthalt eines Zeugen gibt, der Angaben zu der Straftat machen kann. Durch die Aussage dieses Zeugen kann der Angeklagte überführt werden.

(g) Private Ermittlungen, die den Anforderungen der StPO (z. B. Belehrungspflicht, § 136 StPO; verbotene Vernehmungsmethoden, § 136a StPO) nicht genügen, führen nach der Rechtsprechung nicht automatisch zu Verwertungsverboten. Die gesetzlichen Anforderungen sollen die Staatsgewalt „zähmen", nicht aber Privatpersonen zur Einhaltung strafprozessualer Vorschriften anhalten. Eine Ausnahme besteht lediglich dann, wenn die private Maßnahme eine extreme Menschenrechtswidrigkeit darstellt (z. B. Folter). Dann dürfen die durch diese Maßnahme gewonnenen Erkenntnisse durch die Justiz nicht verwertet werden. Wann ein solcher Grad von Menschenrechtswidrigkeit anzunehmen ist (evtl. schon bei Drohung oder massiver Täuschung), muss das Tatgericht im Einzelfall entscheiden.

E.2 Beweismittel

E.2.1 Zeugen

Zu seiner Identifizierung macht der Zeuge zunächst Angaben zur Person: Vor-, Nach- und Geburtsname, Alter, Beruf, Wohnort (§ 68 Abs. 1 StPO). Auch der Zeuge, der sich auf ein Zeugnisverweigerungsrecht beruft, muss diese Angaben machen. Besteht für den Zeugen eine Gefahr, kann der Vorsitzende ihm gestatten, seinen Wohnort nicht anzugeben (§ 68 Abs. 2 StPO). Besonders gefährdeten Personen (V-Leute, verdeckte Ermittler) kann die Angabe der Personalien vom Vorsitzenden erlassen werden (§ 68

7 Dieser Begriff stammt aus dem amerikanischen Strafprozess (fruit of the poisonous tree), wonach weitere Beweise, die aufgrund unzulässiger Beweiserhebung gewonnen wurden, für die Beweiserhebung nicht verwertbar sind.

Abs. 3 StPO). Gegen die Entscheidung des Vorsitzenden kann die Entscheidung des Gerichts angerufen werden.

Der Zeuge wird noch einmal auf seine Wahrheitspflicht sowie auf ein evtl. Zeugnis- (§§ 52, 53, 53a StPO) und Auskunftsverweigerungsrecht (§ 55 StPO) belehrt, wenn er sich durch die wahrheitsgemäße Aussage oder die Beantwortung einzelner Fragen der Gefahr einer strafrechtlichen Verfolgung aussetzen würde. Die Bereitschaft, trotz eines Verweigerungsrechtes auszusagen, kann der Zeuge im Laufe der Vernehmung widerrufen.

E.2.1.1 Vernehmung des Zeugen

(a) Die Vernehmung ist zunächst Sache des Vorsitzenden, der dieses Recht einem Beisitzer (insbesondere dem Berichterstatter) überlassen kann. Ist der Zeuge von der Verteidigung benannt worden, kann der Vorsitzende dem Verteidiger die einleitende Vernehmung gestatten. Der Zeuge wird über den Gegenstand seiner Vernehmung unterrichtet; dann erhält er Gelegenheit, das ihm zum Gegenstand der Untersuchung Bekannte im Zusammenhang zu schildern (§ 69 StPO). Die Darstellung erfolgt mündlich; das Verlesen vorbereiteter schriftlicher Erklärungen durch den Zeugen ist unzulässig. Allerdings kann der Zeuge Aufzeichnungen und andere Unterlagen als Gedächtnisstütze benutzen. Weitschweifigkeit und nicht zur Sache gehörende Darstellungen kann der Vorsitzende durch korrigierende Fragen unterbinden, ohne den Zeugen in eine bestimmte Richtung zu drängen. Einen Zeugen, der wegen Nervosität, mangelnder Fähigkeiten oder Erinnerungslücken nicht in der Lage ist, den zu beweisenden Vorgang in einer historischen und logischen Folge zu schildern, kann die Vernehmungsperson durch gezielte Fragen führen. Nach seiner freien Darstellung wird der Zeuge ergänzend vernommen, der Bericht durch Fragen vervollständigt und überprüft. Die Vernehmung ist eine auf einem Konzept beruhende eingehende Befragung des Zeugen.

(b) Nach der Vernehmung hat der Vorsitzende den Beisitzern und Schöffen, dem Staatsanwalt, dem Verteidiger und dem Angeklagten zu gestatten, ergänzende Fragen zu stellen (§ 240 StPO). Fragen des Staatsanwalts, des Verteidigers und des Angeklagten sowie der Schöffen können vom Vorsitzenden und den jeweils anderen Beteiligen beanstandet werden. Über die **Beanstandung von Fragen** entscheidet zunächst der Vorsitzende, gegen dessen Entscheidung das Gericht angerufen werden kann. Dieses entscheidet durch einen Beschluss, der zu begründen ist. Fragen der berufsrichterlichen Beisitzer kann der Vorsitzende nicht beanstanden. Er kann aber die Verhandlung unterbrechen und über die Zulässigkeit einer Frage, die er monieren will, eine Entscheidung des Gerichts herbeiführen. Beanstanden der Staatsanwalt oder der Verteidiger die Frage eines berufsrichterlichen Beisitzers, entscheidet zunächst der Vorsitzende, danach auf Antrag das Gericht über die Zulässigkeit der Frage.

Zurückgewiesen werden können ungeeignete und nicht zur Sache gehörende Fragen (§ 241 Abs. 2 StPO). „Nicht zur Sache gehörend“ sind Fragen, die keinen mittelbaren

Bezug zum Gegenstand der Anklage haben oder die erkennbar verfahrensfremden Zwecken dienen (z. B. einen Zeugen bloßstellen oder lediglich Aufsehen erregen sollen). „Ungeeignet" sind Fragen, die nicht zur Wahrheitsfindung beitragen (z. B. nach der Rechtsmeinung eines Zeugen) oder bloße Wiederholungen bereits gestellter und ausreichend beantworteter Fragen sind. Suggestivfragen sind ebenso ungeeignet wie Fragen, die nur der Verwirrung des Zeugen dienen sollen. Fragen, die bereits aus Rechtsgründen zu beanstanden wären, sind ebenfalls unzulässig, z. B. Fragen an einen Beamten außerhalb seiner Aussagegenehmigung, an einen Richter, wenn sie das Beratungsgeheimnis betreffen, entehrende Fragen (§ 68a StPO), Fangfragen, die unter das Täuschungsverbot (§ 136a StPO) fallen oder Fragen zu Vorgängen, über die kein Beweis erhoben werden darf.

E.2.1.2 Pflichten des Zeugen

(a) Der Zeuge hat die Pflicht, vor Gericht zu erscheinen und eine wahrheitsgemäße Aussage zu machen. Verweigert ein Zeuge die Aussage, obwohl er kein Zeugnisverweigerungsrecht hat, kann zur Erzwingung der Aussage Haft (Beuge- oder Erzwingungshaft) bis zu 6 Monaten angeordnet werden, jedoch nicht über das Ende des Verfahrens in dieser Instanz hinaus (§ 70 Abs. 2 StPO). Der Weigerung gleichzustellen ist die wahrheitswidrige Behauptung, nichts von dem Vorgang zu wissen. Alternativ oder zusammen mit der Beugehaft kann ein Ordnungsgeld – ersatzweise Ordnungshaft – festgesetzt werden. Der Zeuge trägt neben der Ordnungsstrafe die Kosten, die durch sein pflichtwidriges Verhalten entstanden sind. Die Entscheidungen über Ordnungsstrafe und Beugehaft trifft das Gericht mit einfacher Mehrheit (Verfahrensfrage). Im Übrigen begeht ein Zeuge, der fälschlicherweise vorgibt, keine Erinnerung an das Geschehen zu haben, ein Aussagedelikt.

(b) Die Zeugen können nach ihrer Vernehmung vereidigt werden, wenn ihre Aussage von ausschlaggebender Bedeutung oder die **Vereidigung** zur Erlangung einer wahrheitsgemäßen Aussage notwendig ist (§ 59 StPO). Wenn sich der Zeuge auf einen früher geleisteten Eid beruft, gilt dieser fort (§ 67 StPO). **Eidesverbote** bestehen für eidesunmündige Zeugen unter 18 Jahren und Personen, die wegen ihrer Unreife oder einer psychischen Krankheit keine Vorstellung von der Bedeutung eines Eides haben (§ 60 StPO). Nicht vereidigt werden dürfen Personen, die in der zu verhandelnden Sache der Begünstigung, Strafvereitelung oder Hehlerei verdächtig sind oder verurteilt wurden. Den Eid verweigern (§ 61 StPO) dürfen Zeugen, die ein Zeugnisverweigerungsrecht aus persönlichen Gründen haben (§ 52 Abs. 1 StPO). Wenn das Gericht sicher annimmt, dass der Zeuge eine falsche Aussage zugunsten des Angeklagten macht, um ihn der Bestrafung zu entziehen, darf er nicht vereidigt werden. Ist die Aussage falsch, handelt es sich in jedem Fall um einen strafbaren Meineid (§ 154 StGB).

Der Eid kann in weltlicher oder religiöser Form geleistet werde. Wem ein Eid aus religiösen Gründen untersagt ist, kann an dessen Stelle eine Beteuerung abgeben; aus religiösen Gründen kann auch eine andere Formel als „Ich schwöre bei Gott dem Allmächtigen und Allwissenden“ und „So wahr mir Gott helfe“ hinzugefügt werden.

E.2.1.3 Rechte des Zeugen

(a) Ein Zeuge kann die Aussage verweigern, wenn ihm aus persönlichen oder beruflichen Gründen ein **Zeugnisverweigerungsrecht** zusteht. Ein persönliches Verweigerungsrecht (§ 52 Abs. 1 StPO) steht Verlobten, Ehegatten (auch geschiedenen), Verwandten und Verschwägerten des Angeklagten zu. Der Grund zur Verweigerung des Zeugnisses muss zur Zeit der Hauptverhandlung (nicht schon zur Tatzeit) bestehen. Verwandte auf- und absteigender Linie sind bis zum dritten und Verschwägerte bis zum zweiten Grad verweigerungsberechtigt.

In aufsteigender Linie sind Verwandte

- ersten Grades: (Adoptiv-, Stief-, Schwieger-)Eltern,
- zweiten Grades: deren Eltern (Großelterngeneration) sowie die Geschwister,
- dritten Grades: die Urgroßeltern und die Großeltern der Stief- bzw. Schwiegereltern sowie die Geschwister der Eltern (Onkel und Tanten).

In absteigender Linie sind Verwandte

- ersten Grades: Adoptiv-, Stief-, Schwiegerkinder, nichteheliche Kinder,
- zweiten Grades: deren Kinder (Enkelgeneration) sowie die Ehegatten der Enkel,
- dritten Grades: (Stief-)Urenkel, die Ehegatten der Urenkel sowie Nichten und Neffen.

Verschwägert sind die Ehegatten der Geschwister und die Geschwister der Ehegatten. Auch gleichgeschlechtliche Lebenspartner in eingetragener Lebenspartnerschaft haben ein Zeugnisverweigerungsrecht. Nicht zur Verweigerung des Zeugnisses berechtigt sind demnach Cousin und Cousine sowie die Ehegatten der Geschwister des Ehepartners (sog. Schwipp-Schwäger).

Aus beruflichen Gründen (§ 53 StPO) können Geistliche, juristische Berater, Angehörige von Heilberufen, Mitglieder von Schwangerschaftsberatungsstellen, Parlamentarier und Journalisten das Zeugnis über Angelegenheiten verweigern, die sie in ihrer beruflichen Eigenschaft erfahren haben. Auch ihre Berufshelfer haben dieses Recht (§ 53a StPO). Öffentliche Bedienstete bedürfen vor ihrer Aussage einer Genehmigung des Dienstherrn. Abgesehen von Geistlichen, Parlamentariern und Journalisten müssen die übrigen aus beruflichen Gründen zur Verweigerung des Zeugnisses Berechtigten aussagen, wenn sie von der Schweigepflicht entbunden werden (§ 53 Abs. 2 StPO). Die Entbindung kann vom Angeklagten zurückgenommen werden. Daraus kann das Gericht aber Schlussfolgerungen ziehen. Eine richterliche Vernehmung dieses Zeugen aus dem Ermittlungsverfahren kann in der Hauptverhandlung verwertet werden, indem die Vernehmungsperson als Zeuge über die damalige Aussage vernommen wird.

(b) Auf einzelne Fragen kann der Zeuge die **Auskunft verweigern**, wenn er sich mit der Beantwortung der Gefahr einer strafrechtlichen Verfolgung aussetzen würde (§ 55 StPO). Das kann z. B. der Fall sein, wenn wegen des Sachverhaltes, der der Vernehmung zugrunde liegt, gegen den Zeugen ein Strafverfahren anhängig ist oder anhängig gemacht werden könnte. Auf Fragen, die diesen Sachverhalt nicht betreffen, muss der Zeuge hingegen antworten. Wenn zu befürchten ist, dass alle Fragen, die dem Zeugen in dieser Sache gestellt werden, eine strafrechtliche Verfolgung begründen, darf der Zeuge die Auskunft ganz verweigern. Der Zeuge muss ein Zeugnis- oder Auskunftsverweigerungsrecht im Zweifel glaubhaft machen (§ 56 StPO), worüber das Gericht durch Beschluss entscheidet.

(c) Der Zeuge kann bei seiner Vernehmung einen Rechtsanwalt als Beistand hinzuziehen (§ 68b StPO). Dieser **Zeugenbeistand** unterstützt den Zeugen bei der Durchsetzung eines möglichen Zeugnisverweigerungsrechts und bedarf keiner besonderen Zulassung durch das Gericht. Ihm stehen keine Rechte zu, Anträge zu stellen oder Akten einzusehen. Beanstandet er die Art der Vernehmung, entscheidet der Vorsitzende, gegen dessen Maßnahme das Gericht angerufen werden kann (§ 238 Abs. 2 StPO). Der Beistand kann ausgeschlossen werden, wenn seine Anwesenheit dazu missbraucht wird, die Beweisaufnahme zu erschweren. Ein Zeugenbeistand kann mehreren Zeugen beistehen, wenn zwischen diesen kein Interessenkonflikt besteht. Dem Zeugen kann ein solcher Beistand vom Gericht beigeordnet werden (§ 68b Abs. 2 StPO), wenn er seine Befugnisse bei der Vernehmung ersichtlich nicht selbst wahrnehmen und seinen schutzwürdigen Interessen auf andere Weise nicht Rechnung getragen werden kann (z. B. durch Ausschluss der Öffentlichkeit, Entfernung des Angeklagten, Videovernehmung). Eine Beiordnung kommt z. B. in Betracht bei minderjährigen (Opfer-)Zeugen sowie ungeschickten, ängstlichen oder gefährdeten Zeugen, die mit Repressalien seitens des Angeklagten oder Dritter rechnen müssen. Die wirtschaftliche Situation des Zeugen spielt bei der Frage der Beiordnung keine Rolle.

E.2.1.4 Kinder und Jugendliche als Zeugen

Junge Zeugen sollen vor der psychischen Belastung einer Vernehmung weitgehend bewahrt werden. Kinder und Jugendliche (also alle Zeugen unter 18 Jahren) werden deshalb allein vom Vorsitzenden vernommen (§ 241a StPO). Einer Vertrauensperson kann die Anwesenheit in der Verhandlung gestattet werden (§ 406f StPO). Die übrigen Prozessbeteiligten (also auch die Schöffen) können vom Vorsitzenden verlangen, dass er im Anschluss an seine Vernehmung bestimmte Fragen an den jungen Zeugen richtet. Der Vorsitzende darf nur solche Fragen verweigern, die er bei direkter Befragung durch den Prozessbeteiligten beanstanden könnte. Er kann die direkte Befragung durch einen anderen Prozessbeteiligten gestatten, wenn ein Nachteil für das Wohl des Kindes bzw. Jugendlichen nicht zu befürchten ist (§ 241a Abs. 2 Satz 2 StPO). Die Erlaubnis kann er jederzeit zurückziehen. Die Öffentlichkeit kann für die Dauer der Vernehmung ausgeschlossen oder der Angeklagte aus dem Gerichtssaal entfernt werden.

Die Vernehmung eines jungen Zeugen per Videoübertragung von außerhalb des Gerichtssaals (Videovernehmung) ist zulässig. Ist ein Zeuge unter 18 Jahren in Verfahren wegen bestimmter schwerer Straftaten (§ 255a Abs. 2 StPO) richterlich vernommen und die Vernehmung videografiert worden, ist anstelle seiner Vernehmung in der Hauptverhandlung das Abspielen der Videoaufnahme zulässig.

Grundsätzlich ist die Beurteilung der Glaubhaftigkeit eines Zeugen Sache des Gerichts; bei der Beurteilung kindlicher Aussagen kann jedoch ein aussagepsychologisches Gutachten in Auftrag gegeben werden.

E.2.1.5 Ausnahmen vom Unmittelbarkeitsgrundsatz

Bei der Vernehmung von Zeugen gilt der Grundsatz der Unmittelbarkeit. Von diesem Grundsatz macht die StPO einige Ausnahmen.

(a) Stehen der Vernehmung eines Zeugen (oder Sachverständigen) an Gerichtsstelle für längere oder ungewisse Zeit gesundheitliche, sonstige nicht zu beseitigende Hindernisse oder eine weite Entfernung entgegen, kann die **kommissarische Vernehmung** durch einen beauftragten Richter (Mitglied des erkennenden Gerichts, in aller Regel der Berichterstatter) oder einen ersuchten Richter (Richter des Amtsgerichts am Aufenthaltsort des Zeugen) durchgeführt werden (§ 223 StPO).

(b) Die **Verlesung von Protokollen** über die Vernehmung im Ermittlungsverfahren ist im Grundsatz unzulässig (§ 250 StPO), weil das Protokoll im Verhältnis zu der Aussage vor Gericht nicht das „originäre“ Beweismittel ist. Die Vernehmung eines Zeugen, Sachverständigen oder Mitbeschuldigten darf ausnahmsweise durch das polizeiliche Protokoll einer Vernehmung oder einer von ihm stammenden schriftlichen Erklärung ersetzt werden (§ 251 Abs. 1 StPO), wenn

- der Staatsanwalt, der Verteidiger und der Angeklagte damit einverstanden sind,
- der Zeuge, Sachverständige oder Mitbeschuldigte verstorben ist oder aus einem anderen Grund in absehbarer Zeit gerichtlich nicht vernommen werden kann oder
- die Niederschrift oder Urkunde das Vorliegen oder die Höhe eines Vermögensschadens betrifft.

Das Protokoll einer früheren richterlichen Vernehmung kann auch verlesen werden (§ 251 Abs. 2 StPO), wenn

- dem Erscheinen des Zeugen, Sachverständigen oder Mitbeschuldigten in der Hauptverhandlung für eine längere oder ungewisse Zeit Krankheit, Gebrechlichkeit oder andere nicht zu beseitigende Hindernisse entgegenstehen,
- das Erscheinen in der Hauptverhandlung wegen großer Entfernung unter Berücksichtigung der Bedeutung der Aussage nicht zugemutet werden kann.

Über die Verlesung von Protokollen entscheidet das Gericht (§ 251 Abs. 4 Satz 1 StPO).

Erklärt ein Zeuge, dass er sich an eine Tatsache nicht mehr erinnern kann, kann der Teil des Protokolls, der die Erinnerungslücke betrifft, zur Unterstützung des Gedächtnisses verlesen werden (sog. Vorhalt, § 253 Abs. 1 StPO). Dasselbe gilt, wenn der Zeuge die Sache im Vergleich zu seinen Erklärungen im Ermittlungsverfahren widersprüchlich darstellt (§ 253 Abs. 2 StPO). Das Protokoll über ein von dem Angeklagten abgelegtes Geständnis darf in der Hauptverhandlung verlesen werden, wenn es sich um die Protokollierung einer richterlichen Vernehmung handelt (§ 254 StPO).

Beispiel:
Der Zeuge ist in dem (zivilrechtlichen) Vaterschaftsprozess des Angeklagten vernommen worden. In dem späteren Strafprozess wegen der Verletzung der Unterhaltspflicht darf das Protokoll seiner Aussage nicht anstelle seiner Vernehmung im Strafverfahren verlesen werden. Es darf dem Zeugen aber zur Auffrischung des Gedächtnisses oder zur Herbeiführung einer wahrheitsgemäßen Aussage vorgehalten werden, um evtl. Widersprüche zu klären.

(c) Hat ein Angeklagter im Ermittlungsverfahren ein Geständnis abgelegt und widerruft er dieses in der Hauptverhandlung, kann die Person, die ihn vernommen hat (Polizeibeamter, Staatsanwalt, Richter), als Zeuge gehört werden. Dasselbe gilt für die Vernehmung eines Zeugen, der in der Hauptverhandlung von seinem Zeugnisverweigerungsrecht Gebrauch macht (§ 252 StPO). Bei der Vernehmung der Verhörperson durch das Gericht sollte geklärt werden, ob sie sich anhand des Protokolls auf die Vernehmung vorbereitet und ihre Glaubwürdigkeit dadurch gelitten hat. Kann die Verhörperson nur bekunden, dass das richtig sei, was seinerzeit protokolliert wurde, reicht das für eine Beweisführung nicht aus.

(d) Per **Videoübertragung** ist die Vernehmung eines Zeugen zulässig, der sich außerhalb des Gerichtssaals befindet (Videosimultanvernehmung), wenn

- eine dringende Gefahr für das Wohl des Zeugen bei seiner Anwesenheit im Gerichtssaal besteht (§ 247a Satz 1 Halbsatz 1 StPO),
- dem Erscheinen des Zeugen, Sachverständigen oder Mitbeschuldigten in der Hauptverhandlung für eine längere oder ungewisse Zeit Krankheit, Gebrechlichkeit oder andere nicht zu beseitigende Hindernisse entgegenstehen oder
- das Erscheinen in der Hauptverhandlung wegen großer Entfernung unter Berücksichtigung der Bedeutung seiner Aussage nicht zugemutet werden kann (§ 247a Satz 1 Halbsatz 2 i. V. m. § 251 Abs. 2 StPO).

Das Gericht ordnet eine solche Vernehmung nach pflichtgemäßem Ermessen an.

(e) Zeugen, die ihre Kenntnisse nicht durch unmittelbare eigene Wahrnehmung erworben haben, sondern durch Erzählungen Dritter, sind sog. **Zeugen vom Hörensagen** (Privatpersonen, Vernehmungsbeamte, Richter, Sachverständige, Führer von V-Leuten, verdeckte Ermittler). Über die Wahrheit und Richtigkeit des Erzählten können sie keine Angaben machen. BGH und BVerfG sehen die Vernehmung als zulässig an und den Unmittelbarkeitsgrundsatz nicht verletzt, da auch der Zeuge vom Hörensagen eine Primärquelle ist. Es liegt aber ein Verstoß gegen die gerichtliche Aufklärungspflicht (§ 244 Abs. 2 StPO) vor, wenn das Gericht nicht auch den unmittelbaren Zeugen vernimmt, obwohl dies möglich wäre. Hauptfälle eines Zeugen vom Hörensagen sind Vernehmungen nach dem Einsatz von verdeckten Ermittlern und Vertrauenspersonen. Bekommt der V-Mann keine Aussagegenehmigung und wird an seiner Stelle der V-Mann-Führer vernommen, verstößt dies nicht gegen die gerichtliche Aufklärungspflicht, da der V-Mann dem Gericht nicht zur Verfügung steht. Allerdings ist nach Auffassung des BGH ein solches Beweismittel wenig wert, da die Aussage nicht durch Rückfragen überprüfbar ist und die Verurteilung deshalb nicht allein auf einen Zeugen vom Hörensagen gestützt werden kann.

E.2.2 Gutachten von Sachverständigen

Als Gehilfe des Gerichts hat der Gutachter die zur Beantwortung der rechtlichen Fragen notwendigen Anhaltspunkte zu liefern (§§ 72 bis 84 StPO, vgl. Bd. 1, S. 93). Das Gericht ist an die Beurteilung des Sachverständigen nicht gebunden. Der Verkehrssachverständige kann neue Erkenntnisse der Unfallforschung vortragen, der Psychiater Anhaltspunkte für etwaige Geisteskrankheiten, der Psychologe abnorme Verhaltensweisen erklären. Um die Ausführungen des Sachverständigen nachvollziehen und bewerten zu können, muss sich das Gericht ein Mindestmaß an Sachverstand zulegen. Das bedeutet nicht, dass das Gericht ein „Studium" auf dem Gebiet des Sachverständigen nachholen muss. Es muss sich aber kundig machen, ob andere wissenschaftliche Schulen bestehen oder der Sachverständige sich auf dem letzten Stand der Technik befindet.

Der Sachverständige darf sich nicht an die Stelle des Gerichts setzen. So hat der Psychiater nicht zu begutachten, ob der Angeklagte schuldunfähig oder vermindert schuldfähig (§§ 20, 21 StGB) ist. Diese Rechtsfrage hat das Gericht zu entscheiden. Auch die Beurteilung der Glaubhaftigkeit einer Aussage liegt ausschließlich in der Kompetenz des Gerichts. Lediglich bei kindlichen Zeugen kann ein aussagepsychologisches Gutachten empfehlenswert sein.

Bei den Tatsachen, die ein Sachverständiger vorträgt, ist zu unterscheiden in diejenigen, die er aufgrund seiner Sachkunde selbst festgestellt hat (sog. <u>Befund</u>tatsachen) und solchen, die er erst durch Befragung anderer Personen als des Angeklagten in Erfahrung gebracht hat (sog. <u>Zusatz</u>tatsachen, z. B. wenn die Mutter des Angeklagten über dessen Entwicklung befragt wird). Solche Zusatztatsachen sind entweder durch die Vernehmung dieser anderen Person oder durch den Sachverständigen als Zeugen in den Prozess einzuführen. Dieser Umstand ist wichtig für den Fall, dass die dritte Person nicht über ein mögliches Zeugnisverweigerungsrecht belehrt worden ist (zu dieser Belehrung ist der Sachverständige nicht verpflichtet). Der Sachverständige hat aus denselben Gründen, aus denen ein Zeuge ein Recht zur Zeugnisverweigerung hat, das Recht, die Erstattung eines Gutachtens zu verweigern (§ 76 StPO).

Beispiel: Fall Maria Rohrbach in Münster/Westfalen
Wie notwendig die Überprüfung von Gutachten ist, macht einer der bekanntesten Justizirrtümer der Nachkriegsgeschichte deutlich. Der Sachverständige hatte im Kamin der Wohnung, in der Maria Rohrbach ihren Mann getötet haben sollte, Thallium gefunden – ein Stoff, der in Rattengift Verwendung fand. Daraus schloss er, dass die Angeklagte ihren Mann mit Rattengift vergiftet und den Kopf der Leiche, den man bis zur Hauptverhandlung noch nicht gefunden hatte, im Ofen verbrannt hatte. Es wurden weder Vergleichsuntersuchungen durchgeführt zur Klärung, ob Thallium ein bei Verbrennungsprozessen regelmäßig anfallender Stoff ist, noch wurde der Ofen von dem Gericht in Augenschein genommen. Als in dem Wiederaufnahmeprozess die Verteidigung entsprechende Untersuchungen durchführen ließ, fand man in vielen Kaminen Thalliumrückstände. Die Öffnungen in dem Ofen erwiesen sich allesamt als so klein, dass kein Menschenkopf hindurchgepasst hätte. Der Kopf des Opfers wurde später in einem Bombentrichter gefunden.[8]

E.2.3 Richterlicher Augenschein

Der Augenschein (§ 86 StPO) bezieht sich im Wesentlichen auf die Beschaffenheit eines Objekts (vgl. Bd. 1, S. 94). Bei einer Urkunde kann die Existenz der Urkunde an sich, das Schriftbild eines Briefes (Abschiedsbrief eines Selbstmörders zu dessen psychischer Verfassung) oder die Echtheit einer Unterschrift unter einem Dokument bewiesen werden. Geht es um die Aussagekraft eines Gegenstandes, muss der lesbare Teil als Urkunde in die Hauptverhandlung eingeführt werden (z. B. der eingestanzte Schriftzug des Herstellers auf einer Waffe). Ein Tonträger (Tonband, DVD) kann den Inhalt der Aufzeichnung beweisen, wenn die Echtheit des Tonträgers von dem Angeklagten oder einem Zeugen bestätigt wird. Auch das Äußere des Angeklagten kann Gegenstand der Inaugenscheinnahme sein, wenn z. B. ein Zeuge bekundet hat, der Täter habe eine auffallend große Nase gehabt.

Ersetzt das Gericht die Augenscheineinnahme durch die Anhörung eines Sachverständigen, der das Objekt zur Vorbereitung seines Gutachtens besichtigt hat, so bedient es sich seiner als **Augenscheingehilfe.** Auch in bestimmten Situationen, z. B. bei der Besichtigung eines Gegenstandes unter Wasser, bedient sich das Gericht dieser Gehilfen. Der Unmittelbarkeitsgrundsatz gilt insoweit nicht. Wenn es möglich ist und auf den persönlichen Eindruck ankommt, muss sich das Gericht diesen selbst verschaffen.

E.2.4 Urkunden

Strafprozessual sind Urkunden (§§ 249 bis 256 StPO) „alle Gedankenerklärungen, die zum Beweis dienen und verlesen werden können" (vgl. Bd. 1, S. 93 f.). Die Schriftstü-

8 *Hans-Dieter Otto*, Das Lexikon der Justizirrtümer, Sonderausg., Vierkirchen-Pasenbach 2007, S. 154 ff.

cke können auch in Zahlen verfasst sein, z. B. Bilanzen, Rechnungen. Technische Aufzeichnungen (z. B. Diagrammscheiben eines Fahrtenschreibers) können nicht verlesen werden. Wenn sie zu Beweiszwecken herangezogen werden, sind sie Gegenstand des richterlichen Augenscheins. Auch Kopien sind Urkunden im prozessualen Sinn. Die Echtheit der Kopie bzw. des Originals muss mit anderen Mitteln bewiesen werden, z. B. Zeugenaussagen. Dokumente in fremden Sprachen können nicht als Urkunde verlesen werden. Diese sind vorher zu übersetzen, sodass die Übersetzung in der Hauptverhandlung verlesen werden kann. Ist ein Schriftstück in Kurz- oder Geheimschrift abgefasst, kann es nicht verlesen werden; über den Inhalt muss ein Sachverständigengutachten erstellt werden. Beherrscht ein Mitglied des Gerichts z. B. die Stenografie, kann das Gutachten durch die Sachkunde des Gerichts ersetzt werden.

Die Verlesung von Urkunden (insbesondere in „papierintensiven“ Wirtschaftsstrafverfahren) kann durch das sog. **Selbstleseverfahren** (§ 249 Abs. 2 StPO) ersetzt werden (vgl. Bd. 1, S. 90). Zeugnisse oder Gutachten öffentlicher Behörden oder von Ärzten, Auswertungen eines Fahrtenschreibers und Gutachten über den Blutalkoholgehalt können in Verhandlungen über leichtere Delikte, wie z. B. Körperverletzung oder Trunkenheit im Straßenverkehr, verlesen werden (§ 256 StPO). Öffentliche Behörden sind u. a. die Kriminalämter, Ärzte eines gerichtsärztlichen Dienstes, Handels- und Handwerkskammern, öffentliche Kliniken oder die Physikalisch-Technische Bundesanstalt.

E.3 Fragetechnik

E.3.1 Allgemeine Regeln

(a) Durch Fragen will das Gericht etwas erfahren oder erläutert bekommen, was es zuvor noch nicht oder so nicht wusste. Oberstes Gebot ist, die Frage **unbefangen** zu stellen. Der Befragte soll das Wissen des Gerichts erweitern, nicht dessen Erwartungen erfüllen. Dass der Befragte auf der Anklagebank sitzt, macht seine Antworten noch nicht per se unglaubhaft. Der Angeklagte ist nur beschuldigt, noch nicht schuldig.

(b) Der Befragte muss die Frage verstehen. Um ein optimales Ergebnis aus der Befragung zu erzielen, hat sich der Fragende dem Sprachhorizont des Befragten anzupassen. Juristen benutzen häufig Ausdrücke ihrer **Fachsprache** und vernachlässigen dabei, dass viele Begriffe dem nicht juristisch Vorgebildeten unverständlich sind oder in der Alltagssprache eine andere Bedeutung haben können als in der juristischen Sprache. Das beginnt bereits bei scheinbar einfachen Worten wie „soll“. Während in der Alltagssprache „soll“ synonym mit „kann“ verwendet wird, versteht der Jurist darunter ein „Muss“, das nur in besonders begründeten Fällen eine Ausnahme zulässt.

(c) Viele Angeklagte verfügen nicht über die Fähigkeit, erlebtes Geschehen in eine bildhafte Sprache zu übersetzen. Nur wenn man sich den Fall **in einfachen Worten** schildern lässt (und auch so fragt), kann man den Tathergang und die weiteren Umstände nachvollziehen.

(d) Ein kritischer Umgang mit der Sprache hilft, **Missverständnisse** zu vermeiden. Die Wendungen „Der Angeklagte behauptet …“ oder „Sie sollen gesagt haben …“ klingen, als ob man von vornherein Zweifel an der Wahrheit hat. Der Ausdruck „Ich halte Ihnen vor …“ erweckt den Eindruck, man wolle dem Befragten Vorhaltungen machen. Negative Fragen können ebenfalls zu Missverständnissen führen. Die Antwort auf die Frage „Sind Sie nicht der Auffassung, dass Sie von dieser Stelle nichts sehen konnten?“ lässt, wenn mit „Ja“ oder „Nein“ geantwortet wird, keine eindeutigen Schlüsse zu. Rückfragen geben dem Befragten die Möglichkeit, eine missverständliche Antwort zu korrigieren („Also haben Sie …?“; „Bedeutet das, dass Sie …?“).

(e) Man sollte **kurze Sätze** benutzen, die höchstens einen Nebensatz haben. Schon der Fragende kann Schwierigkeiten haben, einen langen Satz grammatikalisch richtig zu Ende zu bringen, weil ihm am Ende des Satzes das richtige Verb nicht mehr einfällt. Der Befragte wird sich am Ende eines langen Satzes erst recht nicht mehr sicher sein, was der Fragende von ihm will. Derselbe Sachverhalt sollte immer mit demselben Wort bezeichnet werden. Eine Vernehmung ist kein Deutschaufsatz, in dem man mit Synonymen arbeitet, um eine Wortvielfalt zu erhalten.

(f) Abstrakte Bezeichnungen sollten vermieden werden, auch wenn sie bei Gericht gebräuchlich sind. Bei dem Begriff „Nebenkläger“ weiß der Angeklagte nicht unbedingt, welche Person gemeint ist; besser ist es, die Person mit ihrem Namen zu benennen. Unbestimmte Fragen (Wie haben „die“ denn reagiert?) sollten präzisiert und dem Befragten stets deutlich gemacht werden, wer mit „die“ gemeint ist.

(g) Bewusst oder unbewusst können Fragen bereits **Vorgaben oder Wertungen** für den Zeugen enthalten. Mit negativen oder positiven Anklängen kann man das Ergebnis einer Befragung steuern. Eine Frage darf nicht die Erwartung wecken, dass der Zeuge sie „eigentlich beantworten können müsste“. Gutwillige Zeugen, die dem Gericht bei der Wahrheitsfindung behilflich sein wollen, neigen dazu, diese Erwartungen erfüllen zu wollen. Der Zeuge sagt dann nicht mehr nur das, was er aus eigenem Erleben weiß, sondern was das Gericht nach seiner Auffassung hören will. Auch Floskeln wie „Wollten sie wirklich (etwa)…“ drängen den Befragten in eine Richtung. Unbewusste Vorgaben können auch solche Fragen enthalten, die dem Angeklagten, einem Zeugen oder dem Gericht peinlich sind. Bei sexuellen Bezügen darf man nicht um den „heißen Brei“ herumreden, sondern muss dem Befragten offen in die Augen blicken und so fragen, als ob die Angelegenheit die selbstverständlichste Sache der Welt wäre.

(h) Niemals **mehrere Fragen gleichzeitig** stellen! Die meisten Menschen werden dadurch in ihrer Merkfähigkeit überfordert. Klassisches Beispiel ist, wenn der Befragte auf die ihm gestellten Fragen mit dem Satz beginnt: „Um mit der Beantwortung der letzten Frage zu beginnen …“. Man kann fast sicher sein, dass der Befragte sich bis zur ersten Frage nicht mehr durchkämpfen wird. Im Übrigen kann der Zeuge oder Angeklagte sich die angenehmen Fragen heraussuchen und die unangenehmen unbeantwortet lassen. Kettenfragen sind deshalb zu vermeiden, z. B. „Konnten Sie überhaupt den Tatort einsehen? Wie waren denn die Lichtverhältnisse und wo war ihr Standort?

Sie sind doch durch Ihre Brille sicherlich behindert, bei einbrechender Dämmerung auf die Entfernung noch sichere Beobachtungen zu machen. Wie stark ist denn Ihre Brille?"

(i) Eine Frage sollte nicht mit der **Begründung** beginnen, warum man sie stellt. Allenfalls kann man allgemeine Übergänge wählen wie „Um noch mal auf den Punkt xy zu kommen …". Auch Erklärungen, dass es einem eigentlich unangenehm sei, diese Frage stellen zu müssen, sind fehl am Platz.

(j) Fragen sollten **eindeutig formuliert** sein. Wenn man wissen will, was der Angeklagte am Tag vor der Tat gemacht hat, lautet die Frage: „Was haben Sie am Tag vor der Tat gemacht?" und nicht „Was haben Sie vor der Tat (oder: vorher) gemacht?" Nicht eindeutig sind Fragen, die – obwohl man auf eine bestimmte Tatsache hinaus will – zu weit gefasst sind (z. B. „Wie verhält sich der Angeklagte denn so?" statt „Wie steht es mit dem Alkoholkonsum des Angeklagten?"). Andererseits dürfen Fragen anfangs nicht zu eng gefasst werden, sodass sie nur mit Ja oder Nein beantwortet werden können. Will man z. B. die Alkoholgewohnheiten einer Person erfragen, muss man eine Kette von einzeln zu beantwortenden Fragen aufbauen: Haben Sie den Angeklagten einmal betrunken gesehen? – Wann war das? – Haben Sie ihn häufiger betrunken gesehen? – Wie betrunken war er jeweils? – Womit hat er sich betrunken?

(k) Fragen sollten **keine Vorwürfe** enthalten. Ein Zeuge darf durch Vorwürfe in der Frage nicht subjektiv in die Rolle des Angeklagten gerückt werden. Ein Vorwurf drängt den Zeugen in eine Verteidigungsposition, mit der man ihn unter Umständen sogar zum Lügen zwingt. Eine Anhalterin, die in das Auto des Mannes gestiegen ist, der sie später vergewaltigt hat, wird auf eine vorwurfsvolle Frage „Steigen Sie eigentlich zu jedem wildfremden Mann ins Auto?" möglicherweise zu rechtfertigenden Schilderungen greifen, die eine falsche Darstellung der Ereignisse entstehen lassen. Taktische Vorwürfe, z. B. um den Befragten zu provozieren, sollten an das Ende der Befragung gestellt werden, um die Aussage nicht zu verfälschen.

E.3.2 Frageformen

Frage ist nicht gleich Frage. Man sollte die verschiedenen Frageformen kennen, um die Antwort abschätzen zu können. Eine allgemeine Regel der Vernehmungstechnik lautet: „Wer fragt, führt." Die gestellte Frage bestimmt in gewisser Weise schon die Antwort. Generell gilt für eine Vernehmung (des Vorsitzenden), dass man sich vom Allgemeinen zum Speziellen vorarbeitet.

(a) Mit der **Filterfrage** prüft der Vernehmende, ob der Zeuge zu Vorgängen überhaupt etwas aussagen kann („Waren Sie am Soundsovielten an jenem Ort [Tatort]?") oder in der Lage war, eine bestimmte Wahrnehmung zu machen („Hat das Gespräch auf Englisch stattgefunden? Sprechen Sie Englisch?"). Anlass zu Filterfragen geben Formulierungen des Zeugen wie „man hat …" oder „wir haben …", um zu klären, ob der Zeuge die Beobachtung selbst gemacht hat.

(b) Mit **offenen Fragen**, die wertungsfrei sind und keine Richtung vorgeben, hat der Zeuge die Möglichkeit zu einer freien Schilderung der Beweisfrage. Offene Fragen werden auch „W-Fragen“ genannt, da sie mit einem der Frageworte „wer, wann, was, wohin, wozu, wo, wie, wie viel, wie lange, woran, worin, weshalb, warum, welche“ usw. beginnen („Was haben Sie gesehen? Woran können Sie sich noch erinnern? Woran haben Sie die Person erkannt?“). Der Zeuge kann Schwerpunkte setzen, was er für wichtig und erwähnenswert (oder verschweigenswert) hält. Daraus kann man hinsichtlich des Wahrheitsgehaltes mehr Schlüsse ziehen, als wenn die Richtung durch die Frage vorgegeben wird. Der Zeuge hat dann die Gelegenheit, etwas zu schildern, was er im Ermittlungsverfahren vielleicht noch nicht ausgesagt hat. Offene Fragen können als **Leerfragen** gestellt werden („Wie ging es weiter? – Was geschah dann?“), als **Anstoßfragen**, mit denen der Befragte weiter frei assoziieren kann („Was geschah während des Gesprächs?“), oder als **Sondierungsfragen**, mit denen zur Ergänzung weiterer Details ermutigt wird („Woher wissen Sie das? – Wie meinen Sie das?“).

(c) Im Laufe der Vernehmung kann man durch **geschlossene Fragen** immer enger auf ein bestimmtes Ziel hinsteuern. Geschlossene Fragen haben aber einen hohen suggestiven Anteil. Mit **Auswahlfragen** werden dem Zeugen mehrere Antworten zur Auswahl gegeben. Jedoch sollte immer eine offene Variante hinzugefügt werden („Hatte der Täter Jeans an oder einen Anzug oder welche Kleidung trug er sonst?“). Die **Alternativfrage** (z. B. schwarze oder braune Haare) lässt nur eine von zwei Möglichkeiten zu. Die meisten Zeugen entscheiden sich für eine der beiden Varianten, auch wenn sie gar keine oder eine andere Erinnerung haben. Nur wenige Zeugen haben die Souveränität zu antworten, dass die von ihnen beobachtete Person rote Haare oder gar eine Glatze hatte. Wird der fragende Richter von dem Zeugen mit einer hohen Autorität versehen, sodass er unterstellt, nur die beiden gefragten Alternativen kämen in Betracht, wird eine mögliche andere Alternative von vornherein ausgeschaltet. Mit einer **Präzisierungsfrage** kann man nachhaken, wenn es etwas genauer zu erläutern gilt („Wie hat sich der Angeklagte bei der dritten Tat verhalten?“). Die engste aller geschlossenen Fragen ist diejenige, die nur noch mit Ja oder Nein beantwortet werden kann. Hat man auf eine Ja-Nein-Frage eine Antwort erhalten, sollte man mit einer offenen Frage nachhaken, um sicherere Erkenntnisse zu erhalten („Haben Sie die Pistole in der Hand des Angeklagten gesehen?“ – „Ja.“ – „Wie sah sie aus?“).

(d) Hat man Zweifel an der Aussage, kann man durch **Unmöglichkeitsfragen** die Zweifelhaftigkeit überprüfen. Dadurch wird die Möglichkeit eröffnet, Umstände zu schildern, die das Geschilderte doch möglich erscheinen lassen („War es nicht unmöglich, über die hohe Mauer zu klettern?“ – „Aber da lag doch dieser große Müllberg, über den man bis an die Mauerkrone kam.“).

(e) Mit einer gezielten Frage kann man auf das gewünschte Thema lenken. Zwei Varianten von **Lenkungsfragen** stehen dafür zur Verfügung. Bei allzu großer Weitschweifigkeit des Befragten muss man ihn mit **Rangierfragen** auf das relevante Thema lenken. Man überspringt die Stationen, die offensichtlich noch erzählt werden sollen, und führt auf das Thema zurück („An dieser Stelle stellt sich die Frage, ob Sie nicht zu dem Vorfall vom …“). Unterbricht man jedoch zu früh, verschüttet man evtl. Erkenntnisquellen. In heiklen Situationen (eine Zeugin bricht in Tränen aus) kann man mit **Ablenkungsfragen** auf ein neutrales Thema ausweichen und sie langsam wieder an das Thema heranführen. Einem Zeugen, der sich von einem allzu direkt angesprochenen Thema brüskiert fühlt, kann man den Umweg über ein unverfängliches Thema anbieten.

(f) Mit **Kontrollfragen**, die nicht direkt das Thema betreffen, kann man die Glaubhaftigkeit einer Aussage überprüfen. Das gilt insbesondere bei Schätzungen von Mengen, Entfernungen oder Geschwindigkeiten. Sagt eine Zeugin aus, den Unfall-Pkw innerorts etwa 100 m von der Kreuzung entfernt zum ersten Mal „ganz plötzlich“ gesehen zu haben, kann man errechnen, dass sie den Pkw ca. 7 Sekunden lang gesehen haben muss, wenn dieser mit 50 km/h gefahren ist (= ca. 14 m/sec.). Die Schätzung kann also nicht stimmen.

(g) Durch **Situationsfragen** kann man den Zeugen veranlassen, unwesentliche Nebenumstände zu schildern (Tageszeit, Witterung, besondere Ereignisse am Tattag, Besonderheiten des Tatortes usw.), was ihm möglich sein sollte, wenn er die geschilderte Situation wirklich erlebt hat. Flüchtet er sich in unbestimmte, detailarme Schilderungen, lässt dies auf die Unwahrheit schließen.

(h) Die **Suggestivfrage** ist gefährlich und nur in Ausnahmefällen anzuwenden. Sie muss dem erfahrenen Vernehmer vorbehalten bleiben, weil die Suggestion sich nicht auf das Beweisthema beziehen darf, sondern nur der Prüfung einer Beeinflussbarkeit, der Verbesserung der Erinnerung oder der Auflösung von Widersprüchen dient. Die Antwort auf eine Suggestivfrage hat grundsätzlich keinen Beweiswert.

Beispiel:
Vor dem LG Mainz kam es 1994 bis 1997 zu drei großen Strafprozessen wegen schwersten Kindesmissbrauchs. Die sog. Wormser Prozesse endeten mit den Freisprüchen aller 24 Angeklagten; eine Angeklagte war in der U-Haft gestorben. Alle drei Gerichte stellten übereinstimmend fest, dass zahlreiche Kinder, die belastende Angaben gemacht hatten, im Vorfeld durch „aufdeckende“ Erwachsene inquisitorisch befragt, unter Druck gesetzt, manipuliert und beeinflusst worden waren. Bis zu 30-mal hatte man die kindlichen Zeugen vernommen und in ihren Aussagen herumgebohrt, angeblich um ihnen zu helfen, endlich über ihr Trauma zu sprechen.[9]

(i) Zur Beurteilung der Glaubwürdigkeit des Zeugen kann man mit **Thema-Wechsel-Fragen** abrupt das Thema der Befragung wechseln, um seine Reaktion zu beobachten. In der Aussagepsychologie sind bestimmte Reaktionen ermittelt worden, wie lügende Personen auf solche Situationen reagieren. Jede Lüge ist mit einer inneren Anspannung verbunden, weil der Lügner sich zu höchster Konzentration zwingen muss; daher

9 *Sabine Rückert*, Inquisitoren des guten Willens, Zeit online vom 11.01.2007.

kommt es zu bestimmten Unsicherheitszeichen wie abgehacktes Sprechen, Lippenbefeuchten mit der Zunge wegen trockenen Mundes, ausführlichen und weitschweifigen Erklärungen, komplizierten Sätzen, Änderung des Verhaltens.

E.4 Beendigung des Verfahrens vor dem Urteil durch Einstellung

Im Laufe der Beweisaufnahme kann sich ein Grund für die Einstellung des Verfahrens ergeben.

(a) Nach §§ 153 ff. StPO kann das Gericht in jeder Lage das Verfahren einstellen, soweit es sich um ein Vergehen handelt. Diese Vorschriften sollen der Straffung und Beschleunigung des Verfahrens sowie der Erledigung von kleinen und mittleren Delikten dienen, die nicht unbedingt einen Strafausspruch verlangen (vgl. Bd. 1, S. 95 f.). Die StPO kennt folgende Gruppen, in denen das Strafverfahren eingestellt werden kann:

- Der Tatvorwurf ist geringfügig und es besteht kein Strafverfolgungsinteresse (§§ 153, 153b StPO), z. B. Mitverschulden des Opfers, erhebliche Belastungen durch die Tat für den Täter, Wiedergutmachung des Schadens.
- Das Strafverfolgungsinteresse kann durch Erfüllung von Weisungen und Auflagen (z. B. Wiedergutmachung des verursachten Schadens, Zahlung eines Geldbetrages zugunsten einer gemeinnützigen Einrichtung oder der Staatskasse, sonstige gemeinnützige Leistungen, Täter-Opfer-Ausgleich) befriedigt werden (§ 153a StPO).
- Andere Straftaten des Angeklagten haben ein größeres Gewicht und seine geringeren Taten werden ausgeklammert (§§ 154, 154a StPO).
- Dem Strafverfahren stehen vorrangige staatliche Interessen entgegen, insbesondere die Verfolgung schwerwiegenderer Straftaten (Kronzeugenregelung, § 31 BtMG).
- Der Angeklagte hat bei Staatsschutzdelikten im Ausland durch tätige Reue dazu beigetragen, eine Gefahr für den Bestand oder die Sicherheit der Bundesrepublik Deutschland oder der verfassungsmäßigen Ordnung abzuwenden bzw. es ist beabsichtigt, ihn auszuliefern (§§ 153c, 153d, 153e, 154b StPO).

(b) Voraussetzung für die Einstellung des Verfahrens nach §§ 153, 153a StPO ist, dass alle Beteiligten – Angeklagter/Verteidiger, Staatsanwalt, Gericht – der Einstellung zustimmen. Die Einstellung nach § 154 StPO hat einen Antrag der Staatsanwaltschaft zur Voraussetzung, über den das Gericht zu entscheiden hat; die Zustimmung des Angeklagten ist nicht erforderlich. Ist ein Verfahren nach § 154 StPO vorläufig eingestellt worden, kann es nur innerhalb von 3 Monaten nach Rechtskraft des Urteils, dessentwegen es eingestellt wurde, wieder aufgenommen werden.

(c) Umstritten ist, welche **Mehrheit bei der Abstimmung** des Gerichts über die Zustimmung zu einer Einstellung erforderlich ist. Hält man die vorläufige Einstellung für eine vereinfachte Erledigung des Verfahrens (Verfahrensfrage), reicht die einfache Mehrheit aus. Hält man dagegen die Einstellung für eine Rechtsfolge der Tat, ist eine Zwei-Drittel-Mehrheit erforderlich. Zwar ist nach der Rechtsprechung mit einer Einstellung nach §§ 153 ff. StPO kein Schuldvorwurf verbunden;[10] es soll weiter die Unschuldsvermutung gelten. Die Einstellung ist aber nur dann möglich, wenn ein Freispruch für das Gericht nicht in Frage kommt.[11]

Folgender Weg bietet sich in der **Beratung** an: Der Entscheidung der Frage, ob das Gericht der Einstellung zustimmt, ist eine Abstimmung darüber voranzustellen, ob hinreichende Zweifel an der Schuld des Angeklagten bestehen. Bestehen bei mehr als einem Mitglied des Gerichts bereits Zweifel an der Schuld des Angeklagten, muss freigesprochen werden. Die Einstellung ist kein taktisches Mittel zur Vermeidung von Freisprüchen. Die Einstellung darf aber auch nicht zu einem billigen Hinterausgang für Intelligenztäter z. B. in Wirtschaftsstrafsachen werden, indem sich der Angeklagte mit einem namhaften Betrag an die Staatskasse oder eine gemeinnützige Organisation „freikauft".

(d) Eine besondere **Einstellung gegen Betäubungsmittelabhängige** kennt das BtMG. Bis zum Ende der Hauptverhandlung kann das Gericht mit Zustimmung der Staatsanwaltschaft das Verfahren einstellen, wenn der drogenabhängige Angeklagte nachweist, dass er sich in einer der Rehabilitation dienenden Behandlung befindet oder zusagt, sich einer solchen zu unterziehen und der Beginn der Behandlung gewährleistet ist (§ 37 Abs. 2 BtMG). Der Angeklagte hat zu bestimmten Zeitpunkten nachzuweisen, dass er sich noch in der Behandlung befindet. Das Verfahren wird z. B. fortgesetzt, wenn die Behandlung nicht bis zum Abschluss durchgeführt wird oder der Angeklagte erneut eine einschlägige Straftat begeht. Wird das Verfahren innerhalb von 2 Jahren nicht wieder aufgenommen, wird es endgültig eingestellt. Der Angeklagte kann dann wegen dieser Tat nicht mehr verfolgt werden. Mit der Einstellung soll Druck auf den Angeklagten ausgeübt werden, damit dieser sich angesichts der drohenden Verurteilung einer Behandlung unterzieht. Diese Einstellung ist ausgeschlossen, wenn eine Freiheitsstrafe von mehr als 2 Jahren zu erwarten ist.

E.5 Schlussvorträge und letztes Wort

Werden keine weiteren Beweisanträge gestellt, wird die Beweisaufnahme geschlossen. Danach folgen die Schlussvorträge – im erstinstanzlichen Verfahren zuerst der Staatsanwalt (ggf. noch der Nebenklägervertreter), dann der Verteidiger. Abschließend hat der Angeklagte das letzte Wort. Falls das Gericht nach den Schlussvorträgen erneut

10 BVerfG, Kammerbeschluss vom 06. 12. 1995, Az.: 2 BvR 1732/95, NStZ-RR 1996, S. 168.

11 *Rainer Hamm*, Wie man in richterlicher Unabhängigkeit vor unklaren Gesetzeslagen kapituliert, NJW 2001, S. 1694; *Frank Saliger*, Grenzen der Opportunität – § 153a und der Fall Kohl, GA 2005, S. 155; a. A. LG Bonn, Beschluss vom 28. 02. 2001, Az.: 27 AR 2/01, NJW 2001, S. 1736.

in die Beweisaufnahme eintreten sollte, muss nach der Fortsetzung noch einmal die Gelegenheit zum Plädoyer und zum letzten Wort gegeben werden.

(a) Der klassische **Schlussvortrag des Staatsanwaltes** hat einen logischen Aufbau:

- Zunächst schildert er in straffer Form den Sachverhalt, der nach seiner Auffassung aufgrund des Ergebnisses der Beweisaufnahme erwiesen ist.
- Er würdigt danach anhand der Beweise, warum der Sachverhalt für ihn erwiesen ist, und geht dabei auf die Glaubhaftigkeit der Einlassung des Angeklagten, die Glaubwürdigkeit der Zeugen und die Aussagekraft der übrigen Beweismittel im Hinblick auf die angeklagte Tat ein. Dabei werden die be- und entlastenden Umstände zusammengefasst und miteinander verglichen.
- Der Sachverhalt wird dann unter die verwirklichten Straftatbestände subsumiert (Welches Strafgesetz ist verletzt?).
- Abschließend wird die Schuld des Angeklagten gewürdigt und die für und gegen den Angeklagten sprechenden Umstände gegeneinander abgewogen (Welche Strafe ist angemessen?).

Das Plädoyer endet mit einem genauen Antrag („Ich beantrage, den Angeklagten wegen Diebstahls in 12 Fällen zu einer Gesamtfreiheitsstrafe von 2 Jahren zu verurteilen, die Vollstreckung der Strafe zur Bewährung auszusetzen, die Fahrerlaubnis zu entziehen, den Führerschein einzuziehen und der Verwaltungsbehörde zu untersagen, vor Ablauf von 9 Monaten eine neue Fahrerlaubnis zu erteilen“). Gegenstand des Antrages ist nur die in der Anklage bezeichnete Tat, wie sie sich nach der Hauptverhandlung darstellt (§ 264 StPO). Befindet sich der Angeklagte in Untersuchungshaft, findet mit der Urteilsverkündung von Amts wegen eine Haftprüfung statt (§ 268b StPO). Der Staatsanwalt bezieht in seinen Antrag deshalb auch die Fortdauer der Haft oder die Aufhebung bzw. Außervollzugsetzung des Haftbefehls ein. Der Schlussvortrag kann Anträge zu Nebenentscheidungen wie die Einziehung der Tatwaffe enthalten.

Plädiert der Staatsanwalt auf Freispruch, legt er nur dar, ob dies aus Rechtsgründen (weil das durch die Beweisaufnahme erwiesene Verhalten nicht strafbar ist, Verjährung eingetreten ist usw.) oder aus tatsächlichen Gründen (das angeklagte Verhalten konnte nicht nachgewiesen oder sogar widerlegt werden) erfolgen soll. Dem Angeklagten stehen im Falle des Freispruchs evtl. Leistungen nach dem Gesetz über die Entschädigung für Strafverfolgungsmaßnahmen zu.

(b) Nach dem Staatsanwalt erhält der **Vertreter der Nebenklage** das Wort, für den – da er eine Stellung wie der Staatsanwalt hat – das zuvor Gesagte gilt.

(c) Der **Schlussvortrag des Verteidigers** hat grundsätzlich dieselbe Form wie der des Staatsanwaltes. Sein Plädoyer unterscheidet sich aber in der Funktion. Anders als der Staatsanwalt ist der Verteidiger nicht zur Objektivität verpflichtet, sondern er vertritt als Fürsprecher die Interessen seines Mandanten und trägt daher vor allem die für ihn günstigen Umstände vor. Der Verteidiger wird, wenn eine Verurteilung zu erwarten ist, besonderes Gewicht auf die Strafzumessungsgründe legen, um eine möglichst geringe Strafe zu erreichen.

(**d**) Vor der Beratung des Gerichts hat in jedem Fall der Angeklagte das **letzte Wort.** Er unterliegt dabei keinen besonderen Beschränkungen. In seiner Redezeit darf er ebenso wenig wie sein Verteidiger beschränkt werden. Einen Missbrauch des letzten Wortes (z. B. durch ständige Wiederholungen) kann der Vorsitzende unterbinden, indem er dem Angeklagten das Wort entzieht.

Praxistipps

- Die Mitglieder des Gerichts diskutieren nicht im Gerichtssaal; falls der Schöffe Beratungsbedarf hat, sollte er den Vorsitzenden um eine Zwischenberatung bitten (vgl. Bd. 1, S. 85). Der Merksatz dazu heißt: „Ich habe Beratungsbedarf." Ist der Klärungsbedarf eilig, meldet der Schöffe dringenden Beratungsbedarf an.
- Um unbefangen zu fragen, haben sich die Schöffen die Grundzüge der Fragetechnik anzueignen. Sie sollten weder die Fachsprache der Juristen, noch Jugendsprache, Slang oder Dialekt nachahmen.
- Schöffen haben ein Frage-, kein Vernehmungsrecht. Sie stellen Fragen an Zeugen und Angeklagte zu Umständen, die näher erläutert werden sollen, sei es zum besseren Verständnis oder weil sie zusätzliche Aspekte beleuchtet haben wollen.
- Gutachten und Gutachter müssen verständlich, nachvollziehbar und plausibel sein. Schöffen sollten sich technische, medizinische und andere Fachbegriffe erläutern lassen; zur besseren Verfolgung des Vortrags eines Sachverständigen können sie sich in geeigneten Fällen das schriftliche Gutachten aushändigen lassen.
- Informationen aus den Akten (z. B. Abschriften von Übersetzungen) können von den Schöffen unterstützend benutzt werden, wenn es zum besseren Verständnis der Beweisaufnahme beiträgt (vgl. Bd. 1, S. 87 f.).
- Schöffen können Anregungen für die weitere Beweisaufnahme geben (vgl. Bd. 1, S. 95).
- Über die Ablehnung von Beweisanträgen und das Bestehen von Beweisverboten entscheidet das Gericht mit einfacher Mehrheit (vgl. Bd. 1, S. 49).

Teil F Beratung und Urteilsfindung

Die Beratung des Gerichts dient der Abwägung und sorgfältigen Prüfung aller für das Urteil wichtigen Umstände, die Gegenstand der Hauptverhandlung waren. Die Grundlagen der Beweiswürdigung und der richterlichen Überzeugungsbildung werden dargestellt.

F.1 Übersicht über den Ablauf der Beratung

Die Beratung ist ein Kommunikationsprozess, in dem sich das Gericht unter Ausschluss der Öffentlichkeit zu den wesentlichen Punkten von Verfahren und Urteil eine Meinung bildet. Nach außen tritt das Gericht als Einheit auf, auch wenn Beratung und Abstimmung kontrovers verlaufen sind. Die Beratung hat – von wenigen Ausnahmen abgesehen, in denen eine Verständigung bei offenkundiger Übereinstimmung durch kurzen Blickkontakt zu erzielen ist – im Beratungszimmer stattzufinden. Urteilsberatung und Abstimmung unterliegen dem Beratungsgeheimnis (§§ 43, 45 Abs. 1 DRiG, vgl. Bd. 1, S. 72, 116).

Man kann rechtspolitisch darüber diskutieren, ob eine Beratung nicht transparenter gegenüber Verfahrensbeteiligten und Öffentlichkeit verlaufen sollte. Die Rechtslage ist jedenfalls derzeit noch anders.

Struktur der Beratung:

1. Stehen dem Verfahren im Ganzen Prozesshindernisse entgegen?
2. Kann dem Angeklagten die Tat nachgewiesen werden?
3. Welches Gesetz ist dadurch verletzt worden?
4. Welche Strafe ist schuldangemessen?
5. Sind Maßregeln der Besserung und Sicherung zu verhängen?
6. Bei Freiheitsstrafe: Kann diese zur Bewährung ausgesetzt werden?
7. Wenn ja, welche Auflagen werden verhängt?
8. Kommen Nebenstrafen und Nebenfolgen in Betracht?
9. Weitere Entscheidungen (Kosten, U-Haft, Entschädigung)?

F.2 Prozessuale Vorfragen

Bevor sich das Gericht mit der Tat des Angeklagten befasst, können prozessuale Vorfragen zu klären sein. Das Verfahren wird durch (Prozess-)Urteil eingestellt, wenn ein Prozesshindernis vorliegt (§ 260 Abs. 3 StPO), z. B. die Verjährung für die Verfolgung des angeklagten Deliktes eingetreten ist (siehe C.2.1). Manchmal kann die Verfahrensfrage erst dann geklärt werden kann, wenn zuvor festgestellt wurde, welches Delikt der Angeklagte begangen hat.

Beispiel:
Ist Anklage wegen eines vor 25 Jahren begangenen Tötungsdeliktes erhoben worden, stellt sich die Frage der Verjährung. Handelt es sich um einen Mord, kann Verjährung nicht eingetreten sein, da Mord nie verjährt (§ 78 Abs. 2 StGB). Ergibt die Beratung, dass nur wegen eines Totschlages verurteilt werden kann, muss die Frage der Verjährung geprüft werden, da ein Totschlag nach 20 Jahren verjährt (§ 212 Abs. 1 i. V. m. § 78 Abs. 3 Nr. 2 StGB). Eine Verjährung kann durch verschiedene Ereignisse (Haftbefehl, Durchsuchung, Vernehmung usw.) unterbrochen werden, sodass die Frist erneut beginnt (§ 78c Abs. 1, 3 StGB). Stellt sich die Tat als besonders schwerer Fall des Totschlages dar, beträgt die Verjährungsfrist 30 Jahre, sodass die Tat noch nicht verjährt wäre (§ 212 Abs. 2 i. V. m. § 78 Abs. 3 Nr. 1 StGB). Die rechtliche Frage, welche Strafnorm verletzt wurde, muss vorab geklärt werden, um eine mögliche Verjährung zu prüfen.

F.3 Tatsachenfeststellung zur Schuld

In der Beratung folgt nunmehr die Beweiswürdigung. Das Gericht muss darüber befinden, welche Tatsachen als bewiesen anzusehen sind. Berufsrichter wie Schöffen müssen dabei auf juristisches wie Alltagswissen, Lebens- und Berufserfahrung, Menschenkenntnis und Intuition zurückgreifen. Ein Beweis ist erbracht, wenn der Richter von der Wahrheit – nicht nur der bloßen Wahrscheinlichkeit – einer behaupteten Tatsache überzeugt ist. Das Gericht muss die Beweismittel daraufhin würdigen, ob sie auf eine Täterschaft des Angeklagten schließen lassen. Es muss die Geeignetheit des Beweismittels prüfen (Sagt der Zeuge die Wahrheit? Ist die Urkunde echt? Hat der Sachverständige den notwendigen fachlichen Sachverstand?) und beurteilen, welche Schlüsse aus dem Inhalt des jeweiligen Beweismittels zu ziehen sind (Lässt die Beobachtung des Zeugen, der den Angeklagten am Tatort gesehen hat, einen Rückschluss auf dessen Täterschaft zu?). Aufzuklären sind sämtliche tatsächlichen Umstände, die für eine Entscheidung unmittelbar oder mittelbar von Bedeutung sind:

- Umstände, die die Merkmale des Straftatbestandes einer angeklagten Tat begründen (z. B. „Wegnahme“ beim Diebstahl, „Täuschung“ beim Betrug), ggf. im Zusammenhang mit Merkmalen des Allgemeinen Teils des StGB (z. B. Versuch der Straftat);
- Umstände, welche die Strafbarkeit ausschließen (z. B. Rechtfertigungsgründe wie die Körperverletzung als Notwehr gegen einen Angriff), vermindern (z. B. minder schwerer Fall, verminderte Schuldfähigkeit) oder erhöhen (z. B. besonders schwerer Fall einer Straftat);
- Umstände, die im Tatbestand einer Strafvorschrift nicht ausdrücklich benannt sind, aber für Strafmilderung (unbenannte Strafmilderungsgründe, siehe G.2.2.1b), Strafschärfung (unbenannte Strafschärfungsgründe, siehe G.2.2.2b)

oder bei einer Abweichung von gesetzlichen Regelbeispielen (siehe G.2.2.2a) zu berücksichtigen sind;
- sonstige Umstände, die sich auf Strafzumessung oder Strafaussetzung zur Bewährung auswirken können.

F.3.1 Grundsatz der freien Beweiswürdigung

Im Strafprozess gilt der Grundsatz der freien Beweiswürdigung (§ 261 StPO). Der Richter ist weder an zwingende Regeln noch sonstige Richtlinien gebunden, die ihm vorschreiben, unter welchen Voraussetzungen er eine Behauptung oder eine Tatsache für bewiesen oder nicht bewiesen zu halten hat. Ebenso wenig gibt es Vorschriften, welcher Beweiswert einem Beweismittel im Gesamtspektrum der Beweislage zukommen soll. Weder der Zahl der Zeugen, die eine bestimmte Aussage machen, kommt unbedingte Bedeutung zu, noch ist ein vereidigter Zeuge glaubwürdiger als ein unvereidigter. Nur die Regeln der Logik, die Naturgesetze, gefestigte naturwissenschaftliche Erkenntnisse (z. B. die Blutalkoholkonzentration bei der Feststellung der Fahruntauglichkeit), gesetzliche Bestimmungen (Beweiskraft eines gerichtlichen Protokolls, § 274 StPO), die Überprüfung durch höhere Instanzen und übergeordnete Verfahrensgrundsätze wie der Satz „Im Zweifel für den Angeklagten" oder Beweisverwertungsverbote setzen der freien Beweiswürdigung Grenzen.

Besonders schwierig ist die Beurteilung der Glaubhaftigkeit einer Zeugenaussage. Anhaltspunkte gibt die Aussagepsychologie; sie hat rationale Kriterien entwickelt, anhand derer man Lüge, Phantasie und Realität der Aussage unterscheiden kann. Aber erst mehrere Kriterien zusammen genommen lassen sichere Schlüsse zu.

Der BGH hat dazu ausgeführt:
„Vom Richter wird erwartet, dass er über die zur Ausübung seines Amtes erforderliche Menschenkenntnis verfügt, Aussagen auf ihren Wahrheitsgehalt zu prüfen."[12]

F.3.2 Glaubwürdigkeit und Glaubhaftigkeit

Während die Aussage einer Person auf ihre Glaubhaftigkeit überprüft wird, werden Personen auf ihre Glaubwürdigkeit überprüft.

(a) Die Zeugenaussage ist die wichtigste Erkenntnisquelle des Gerichts. Sie kann einer Reihe von Fehlerquellen unterliegen:

- bei der Aufnahme der Information (Beobachtungsfehler, Disposition der Wahrnehmung durch körperliche Faktoren, wie z. B. Kurzsichtigkeit, selektive Wahrnehmung),
- bei der Erinnerung an das Wahrgenommene (Zeitablauf, Verdrängung),

12 BGH, Urteil vom 21.05.1992, Az.: 4 StR 81/92, NJW 1992, S. 2644, 2645.

- bei der Wiedergabe vor Gericht (Ausdrucksfähigkeit).

(b) Der Angeklagte selbst ist kein Beweismittel; seine Einlassung vermittelt dem Gericht aber Erkenntnisse. Anhaltspunkte für die Unrichtigkeit leugnender Angaben des Angeklagten können sich ergeben aus

- nicht nachvollziehbaren Lücken in der Schilderung der Vorgänge,
- einem Wechsel der Darstellung im Ermittlungsverfahren und der Hauptverhandlung,
- dem Aussageverhalten,
- unvereinbaren Widersprüchen zu anderen zweifelsfrei festgestellten Tatumständen oder der Lebenserfahrung.

(c) Bei den Kriterien für die Beurteilung eines Zeugen und seiner Aussage handelt es sich nicht um ein Kochrezept, das man schematisch anwenden kann. Die einzelnen Merkmale, die darauf hinweisen, ob das vom Zeugen oder Angeklagten Geschilderte auf eigenem Erleben beruht (sog. Realkennzeichen oder Realitätskriterien), können auf unterschiedliche Weise interpretiert werden.

In einer Grundsatzentscheidung hat der BGH ausgeführt:
„... dürfen die Realkennzeichen jedenfalls nicht schematisch angewandt werden. Ein zwingender Schluss von einem festgestellten Merkmal auf die Glaubhaftigkeit von Angaben ... ist keinesfalls möglich. Methodisch unzulässig ist es auch, aus dem Vorliegen einer bestimmten Anzahl von Merkmalen im Sinne eines Schwellenwertes auf die Qualität einer Aussage zu schließen. Nur im Einzelfall können auch einzelne Realkennzeichen ausreichen, um den Erlebnisbezug einer Aussage anzunehmen. Fehlen derartige Merkmale, kann umgekehrt nicht unbedingt eine bewusst unwahre Aussage angenommen werden, da dies durch verschiedene Faktoren (z. B. Angst, Erinnerungslücken) verursacht worden sein kann.“[13]

F.3.3 Kriterien der Glaubwürdigkeit

Die traditionellen Kriterien zur Prüfung der Glaubwürdigkeit sind die Persönlichkeit, die Motivation und die Aussagesituation.

(a) Dass ein Mensch persönlichkeitsbedingt ständig zur **Lüge** neigt, ist relativ selten. Es wäre ein Fehler, Personen nur deshalb nicht zu glauben, weil sie schon einmal gelogen haben. „Wer einmal lügt, dem glaubt man nicht, und wenn er auch die Wahrheit spricht“, ist im ersten Teil ein ungeeigneter Grundsatz. Vielmehr sagt der zweite Teil zu Recht: Auch wer einmal gelogen hat, kann in diesem Fall die Wahrheit sagen. Die gesellschaftliche Stellung eines Menschen sagt ebenfalls zur Wahrheit seiner Aussage wenig aus; auch in höchsten gesellschaftlichen Kreisen wird gelogen – insbesondere wenn es um die Verteidigung dieser Stellung geht. In der Literatur findet man bei

13 BGH, Urteil vom 30.07.1999, Az.: 1 StR 618/98, BGHSt 45, S. 164, 171.

Rückert den Aphorismus: *„Man glaubt die Wahrheit nicht, wenn sie ein Armer spricht, und selbst die Lüge glaubt man einem reichen Wicht“*[14] – ein Hinweis darauf, sich von der gesellschaftlichen Stellung eines Zeugen bei der Beurteilung des Wahrheitsgehaltes seiner Aussage zu befreien.

(b) Die **Motivlage** kann die Aussage beeinflussen, z. B. ein eigenes Interesse am Ausgang des Verfahrens, die Erlangung eines Vorteils (z. B. als Kronzeuge Strafmilderung im eigenen Verfahren), Freundschaft oder Berufsehre (z. B. bei Polizeibeamten).

(c) Das **Aussageverhalten** wird von den Gerichten gern als Argument dafür herangezogen, einer Person zu glauben oder nicht. Ein hochroter Kopf kann aber z. B. erst dann auf die Vernehmung bezogen werden, wenn man andere Ursachen (z. B. hohen Blutdruck) ausgeschlossen hat. Auf das Verhalten der Angeklagten stützten sich z. B. in dem bereits erwähnten Fall *Maria Rohrbach* Ermittler wie Gericht.[15] An der zerstückelten Leiche ihres Mannes zeigte die (seit vier Tagen verhörte) Frau keinerlei Regungen, was die Strafverfolger als Indiz für die Täterschaft werteten.

Wichtig ist es, auf **Brüche im Aussageverhalten** zu achten, wenn etwa die Person zunächst sicher und detailreich über ein Geschehen berichtet, dann aber verkrampft, ungenauer und unsicherer wird, um später wieder sicherer auszusagen. Solche Brüche können auf unwahre Aussagen hinweisen. Allerdings muss man auch immer alternative Erklärungen in Betracht ziehen.

F.3.4 Kriterien der Glaubhaftigkeit – Aussageanalyse

Die Glaubhaftigkeitsprüfung geht von der Annahme aus, dass Aussagen erst dann auf realen Erlebnissen basieren, wenn sie bestimmte individuelle Merkmale aufweisen. Deshalb sei zur Beurteilung der Glaubhaftigkeit eine genaue Analyse der Aussage unerlässlich. Aussagen über selbst erlebte Vorgänge unterscheiden sich von Äußerungen über nicht selbst erlebte Vorgänge durch Unmittelbarkeit, Farbigkeit, Lebendigkeit, sachliche Richtigkeit und psychologische Stimmigkeit, Folgerichtigkeit der Abfolge, Wirklichkeitsnähe, Konkretheit, Detailreichtum, Originalität und individuelle Prägung.[16] Bei der Aussageanalyse wird der Inhalt der Aussage anhand bestimmter Kriterien (Realitätskriterien und Phantasiesignale) auf ihren Wahrheitsgehalt analysiert. Jemand, der einen von ihm wirklich erlebten Sachverhalt schildert, tut dies anders als jemand, der eine (teilweise) Phantasiegeschichte erzählt. Wer ein wirkliches Erlebnis schildert, kann es (vor seinem geistigen Auge) wie einen „Farbfilm“ ablaufen lassen. Er kann es daher anschaulich, detailreich und flüssig erzählen. Der Lügner muss

14 *Friedrich Rückert*, Die Weisheit des Brahmanen, Bd. 6, Leipzig 1839, S. 47.

15 *Hans-Dieter Otto*, Das Lexikon der Justizirrtümer, Sonderausg., Vierkirchen-Pasenbach 2007, S. 154 ff.

16 *Udo Undeutsch*, Beurteilung der Glaubhaftigkeit von Aussagen, in: Udo Undeutsch (Hrsg.), Handbuch der Psychologie, Bd. 11, Forensische Psychologie, Göttingen 1967, S. 126.

sein Phantasiegebilde erst entwerfen. Es wird eher karg, blass und unvollständig sein. Ihm fehlt die Kompetenz zu einem wirklich überzeugenden Bericht. Über einen längeren Zeitraum in einer Vernehmung zu lügen oder zu phantasieren, ist eine hohe intellektuelle Leistung, zu der nur wenige Zeugen oder Angeklagte in der Lage sind. Deshalb muss die konkrete Persönlichkeit in die Analyse einbezogen werden (z. B. sprachliche Ausdrucksmöglichkeiten, Bildungsniveau, Kreativität). Folgende Kriterien spielen bei der Analyse der Glaubhaftigkeit eine Rolle:

(a) Inhaltliche Kriterien

(aa) Der wahre Bericht ist farbig, lebendig, sachlich richtig, psychologisch stimmig, wirklichkeitsnah, konkret, nicht bloß darauf gerichtet, bei der Vernehmungsperson einen bestimmten Eindruck zu erwecken (**Detailreichtum**). Gerade scheinbar nebensächliche Details sind ein Wahrheitskriterium. Komplikationen im Geschehensablauf und wie diese überwunden wurden, sprechen für reales Erleben. Von Gesprächen wird in erfundenen Schilderungen nur selten berichtet, da man den Gesprächspartner als Zeugen zur Richtigkeit des Gesprächs hören kann. Originelle Redewendungen und beiläufige Gesprächsfetzen deuten auf wirkliches Erleben hin. Bestimmte Vorgänge kann ein Zeuge glaubhaft dann berichten, wenn er ein Erlebnis schildert, das nicht zu seinem Alltag gehört.

(bb) Details, die durch ihren Inhalt oder ihre Sprachverwendung gerade durch die Persönlichkeit des Zeugen oder Täters oder die Tatsituation geprägt sind (**Originalität**), spontane gefühlsmäßige Reaktionen oder zwiespältige Gefühlsregungen sprechen für ein reales Erlebnis (**Individualität**). Berichten Zeugen davon, dass sie bei dem Geschehen an ein anderes Erlebnis erinnert wurden, hat eine solche Assoziation einen hohen Beweiswert. Hat ein Zeuge den Hergang eines Vorgangs nicht verstanden, spricht das für die subjektive Wahrheit. Der Lügner will gerade überzeugen und nicht Zweifel an sich säen.

(cc) Ein Lügner wird keine Geschichte erzählen, die von A bis Z erfunden ist. Diese wäre leicht zu widerlegen, weil sie mit dem Geschehen außerhalb seiner Geschichte in Einklang gebracht werden müsste (**Verflechtung**). Er wird dem Bericht so lange wie möglich und erforderlich eine wahrheitsgemäße Geschichte zu Grunde legen. Erst bei den für den Tatvorwurf entscheidenden Merkmalen wird er von der Wahrheit abweichen. Besonders schwierig ist dies zu durchschauen, wenn der Zeuge von einem anderen (ähnlichen) Ereignis erzählt und lediglich Ort, Zeit, handelnde Personen usw. austauscht. Die Vernehmung ist dann darauf zu richten, ob die geschilderte Handlung verflochten ist mit außerhalb des Tatgeschehens vorhandenen Umständen, die zur Tatzeit vorlagen (Wetter, bestimmte Ereignisse, Gespräche usw.). In diesem Fall muss bei der Befragung in Randgeschehen, das mit der Tat nur mittelbar etwas zu tun hat, ausgewichen werden, um Unstimmigkeiten aufzudecken.

(b) Strukturelle Kriterien

(aa) Bei einer wahrheitsgemäßen Schilderung bleibt die Struktur während der ganzen Aussage gleich und zwar sowohl inhaltlich im Hinblick auf Detailreichtum, Individualität und Verflechtung wie sprachlich hinsichtlich Sprachfluss, Satzbau, und Ausdrucksweise (**Strukturgleichheit**). Dabei kommen Tempo und Spontaneität, in der die (stimmigen) Antworten gegeben werden, eine hohe Bedeutung zu.

(bb) Der Lügner muss seine Aussage kontrollieren. Er wird das Erlebnis deshalb nicht in chronologisch umgekehrter Reihenfolge berichten können; das lässt sich intellektuell kaum durchhalten. Für eine wahrheitsgemäße Schilderung spricht, wenn ein zunächst nicht verstehbares Geschehen später durch andere Informationen seine Erklärung findet. Das gleiche gilt, wenn sich verschiedene Teile der Aussage gegenseitig unterstützen (**Homogenität**).

(c) Wiederholungskriterien

(aa) In mehrfachen Vernehmungen gibt es zwischen den verschiedenen Aussagen zwangsläufig Widersprüche und gravierende Abweichungen. Dies ist nicht notwendigerweise ein Argument für eine unwahre Aussage. Vielmehr kommt es darauf an, welche Teile der Aussage widersprüchlich sein dürfen und welche konstant bleiben sollten. Das Kerngeschehen (Ort, Zeit, handelnde Personen) sollte – sinngemäß – gleich bleiben (**Konstanz**). Nebenumstände können gegenüber der früheren Aussage gewisse Veränderungen erfahren; dies folgt aus unserem Erinnerungsvermögen. Wörtliche Übereinstimmungen deuten darauf hin, dass die Aussage auswendig gelernt wurde. Dies ist auch ein Kriterium für die Beurteilung der Aussagen mehrerer Personen zu einem Tatgeschehen. Je wortgleicher die Schilderungen sind, umso unwahrscheinlicher ist es, dass sie auf eigenem Erleben beruhen; sie sind wahrscheinlich abgesprochen.

(bb) Manchmal erzählen Zeugen in späteren Vernehmungen zusätzliche Details, obwohl man erwartet, dass die Erinnerung eher nachlässt. **Erweiterungen** der Darstellung in späteren Vernehmungen sind jedoch normal. Bei der Beurteilung des Wahrheitsgehaltes ist entscheidend, ob die ergänzenden Schilderungen das homogene Gesamtbild abrunden und die Ergänzungen die Aussagen anderer Zeugen unterstützen oder ihnen widersprechen.

(d) Phantasiesignale

Hinweise auf eine unwahre Aussage ergeben sich zum einen aus dem Fehlen von Realitätskriterien, die die Person bekunden müsste, wenn sie an dem Geschehen tatsächlich beteiligt gewesen wäre, zum anderen aus Phantasiesignalen. Verhalten und Aussageinhalt lügender Personen sind unangemessen zu ihrer Situation. Drei Gruppen dieser Signale werden unterschieden:

(aa) Die Auffälligkeiten können zum einen darin bestehen, dass die Person zu zentralen Begebenheiten keine Wahrnehmungen gemacht hat oder sich nicht daran erinnern will, in uninteressanten Nebenpunkten aber über Erinnerungen verfügt (**Zurückhaltungssignal**). Sie weicht auf Nebensächlichkeiten, vage oder zweideutige Formulierungen aus oder „antwortet" mit Gegenfragen.

(bb) Sie kehrt (angebliche) Unwissenheit oder Hilfsbedürftigkeit hervor, damit die Vernehmungsperson glauben soll, eine solche sympathische Person werde nicht so „frech" sein zu lügen (**Unterwürfigkeitssignal**).

(cc) Manche Lügner versuchen, durch übertriebene Forschheit und Bestimmtheit zu überzeugen. Damit sollen Verlegenheit und mangelnde Kompetenz kompensiert werden (**Übertreibungssignale**). Die demonstrative Beteuerung, dass man nur die reine Wahrheit sage und sich mit Sicherheit erinnere, sind eher Lügensignale als ein Indiz für Selbstsicherheit. Durch übertriebene Genauigkeit in Nebensächlichkeiten sollte man sich nicht täuschen lassen. Eine stete Wiederholung des Kerns der Aussage ohne Erweiterungen und Widersprüche im Randgeschehen spricht eher gegen ihre Glaubhaftigkeit. Eine besondere Dreistigkeit der Aussage ist ebenso ein Lügensignal wie die Unterwürfigkeit. Lügensignale sind: dummdreiste Frechheit, Gegenangriffe oder Vorwegverteidigung, noch bevor überhaupt ein Vorwurf erhoben wurde. Auffällig ist auch, wenn statt erwarteter Tatsachen Begründungen geliefert werden („Wo waren Sie zur Tatzeit?" – „Ich hatte damals so viel zu tun; ich war ständig unterwegs.").

(dd) Widersprüche in Wortwahl und Inhalt der Aussage signalisieren ein abweichendes Unterbewusstsein (**Freud'sches Signal**). Dazu gehören Versprecher, verräterische Redeweisen oder Gegenfragen. Wenn die Aussage relativiert wird durch Formulierungen wie „sicherlich", „genau genommen", „allerdings" oder „eigentlich", fällt die direkte Lüge offensichtlich schwer.

Beispiel für das Freud'sche Signal:
Ehefrau und Schwiegermutter zeigten das Verschwinden eines Mannes an. Obwohl sein Schicksal noch unklar war, insbesondere sein Tod gar nicht feststand, wurden die Polizeibeamten stutzig, weil beide Frauen über ihn immer in der Vergangenheitsform redeten („Er war eigentlich immer pünktlich" usw.). Bei einer Hausdurchsuchung fand man die Leiche des Mannes im Garten vergraben.

(e) Signale mangelnder Kompetenz

Auffällig ist, wenn einer Aussage jedes Realitätskriterium fehlt. Ihr fehlt jede Farbe in der Erzählung und sie enthält wenig Handlung. Ähnlich ist eine Aussage zu werten, die so abstrakt ist, dass sie von jedem erzählt werden könnte und keinen persönlichen Bezug zu einem eigenen Erleben hat. Lügensignale erkennt man auch daran, dass die Geschichte ohne Komplikationen zu glatt geschildert wird und konsequent auf das Beweisthema ausgerichtet ist, ohne auf Randgeschehen einzugehen. Besonders auffällig sind „Stimmungsmacher", die das Gericht ohne konkrete Tatsachenschilderung mit Wertungen und Emotionen gegen etwas oder jemanden einnehmen wollen.

F.3.4.1 Körpersprache

Viele Informationen werden über die Körpersprache vermittelt. Mimik und Gestik, Haltung und Dynamik, Nähe und Distanz sowie die Kleidung vermitteln Botschaften („Ich sehe, was Du sagst"). Die Körpersprache wird u. a. durch das Verhalten der Füße, der Hände, der Finger, des Halses, des Mundes und der Augen bestimmt. Auch die Art und Weise, wie sich eine Person auf jemand anderen zu bewegt oder Distanz nimmt, wie jemand sitzt oder geht, lässt Rückschlüsse zu. Die Beobachtung durch den Richter beginnt bereits, wenn der Zeuge den Saal betritt: Geht er sicher oder unsicher, wie bewegt er sich im Saal, ist er betont forsch usw.? Die Hände sind dabei eines der wichtigsten und ausdrucksstärksten Körperteile.

Signale des Körpers, die auf eine unwahre Aussage hinweisen, sind Schwitzen, Farbwechsel im Gesicht, trockener Mund, erhöhter Puls, Atemnot, Vermeidung des Blickkontakts, Veränderung der Stimmlage, nervöses oder verschmitztes Lächeln, Starrheit, Gesten wie Selbstkontakte mit der Hand im Gesicht, Körperbewegungen auf dem Stuhl oder gesenkter Kopf. Für eine wahre Aussage sprechen dagegen eine natürliche Körpersprache, unwillkürliche Kopfbewegungen und vorauseilende Körpersprache. Unsicherheit signalisieren verschränkte Arme, Zupfen an der Kleidung, Finger am Mund, unsteter Blick, verschlossener Mund mit herabgezogenen Mundwinkeln oder monotones halblautes Sprechen.

In der Psychologie gibt es Erkenntnisse darüber, dass es im Wesentlichen sechs Basisemotionen gibt, die in allen Kulturen gleich sind: Angst, Freude, Trauer, Ärger, Ekel und Überraschung. Gesten sind hingegen unterschiedlich ausgeprägt, z. B. bedeutet das zustimmende Kopfnicken in Europa in den arabischen Ländern Ablehnung.

F.3.4.2 Geständnis

Das Geständnis eines Angeklagten wird vielfach für die Krone der Beweisführung gehalten. Ein Geständnis des Angeklagten darf das Gericht nur verwerten, wenn es vollständig und glaubhaft ist. Es kann aber aus vielerlei Gründen falsch sein: Der Angeklagte will den wahren Täter decken, sich selbst interessant machen oder eine schwerere Tat verbergen usw. Der Amtsermittlungsgrundsatz zwingt das Gericht daher, trotz eines Geständnisses weiter zu ermitteln, wenn es Anhaltspunkte für ein falsches Geständnis hat. „Ein Geständnis allein beweist nicht die Schuld des Betroffenen", heißt es in einer grundlegenden Entscheidung des BGH.[17] Das Gericht hat notfalls auch gegen ein Geständnis des Angeklagten freizusprechen. Um herauszufinden, ob ein Geständnis falsch ist, muss das Gericht das Motiv ermitteln, warum das Geständnis abgelegt wurde. Ein Anhaltspunkt für die Richtigkeit des Geständnisses ist z. B., ob der Täter mehr Umstände geschildert hat, als dem Gericht bisher bekannt waren (Täterwis-

---

17 Urteil vom 17.12.1998, Az.: 1 StR 156/98 (sog. Lügendetektor-Entscheidung), BGHSt 44, S. 308, 325.

sen). Räumt der Täter (bzw. sein Verteidiger) nur die Tatsachen ein, die dem Gericht ohnehin bereits bekannt sind (schlankes Geständnis), kann man kaum von einem echten Geständnis sprechen. Das qualifizierte Geständnis zeichnet sich durch eine vollständige, detaillierte und anschauliche Schilderung aller für die Entscheidung (insbesondere auch für die Strafzumessung) relevanten Tatsachen aus.

F.3.5 Richterliche Überzeugung

Am Schluss der Beratung wird abgestimmt, ob die angeklagten Taten „zur Überzeugung des Gerichts" nachgewiesen sind. Es genügt dabei nicht, den Beweisstoff – Zeugenaussagen, Gutachten, Urkunden usw. – nur Punkt für Punkt abzuarbeiten und auf die Geeignetheit für den Nachweis der Täterschaft zu prüfen. Notwendig ist eine Gesamtwürdigung aller Ergebnisse der Ermittlungen. Obwohl es sich hier um einen Kernbereich richterlicher Tätigkeit handelt, sind die Berufsrichter nach Universität und Referendariat in den Fragen der Beweiswürdigung kaum besser ausgebildet als Schöffen.[18] Sie lernen in der Praxis durch „learning by doing", auch wenn seit dem zitierten Aufsatz von *Peters* inzwischen über 25 Jahre vergangen sind.

Bewiesen werden müssen alle Elemente der Straftat (vgl. Bd. 1, S. 20 ff.). Das Gericht schöpft dabei seine Überzeugung aus dem „Inbegriff der Hauptverhandlung", d. h. nur solche Tatsachen dürfen verwertet werden, die in der Hauptverhandlung erörtert worden sind (Grundsatz der Mündlichkeit und Unmittelbarkeit, siehe A.4.2). Alle Beweismittel sind gleichermaßen zu würdigen. Es besteht kein Vorrang eines Beweismittels gegenüber einem anderen. Tatsachen, die einem Beweisverwertungsverbot unterliegen, dürfen bei der Urteilsfindung nicht berücksichtigt werden. Hat das Gericht solche Tatsachen bereits zur Kenntnis genommen, muss es diese bei der Urteilsfindung ausblenden (siehe E.1.4.2).

Die Überzeugung des Richters, d. h. seine subjektive, persönliche Gewissheit von der Schuld des Angeklagten, muss auf einer objektiven Tatsachengrundlage beruhen. Eine bloße Wahrscheinlichkeit der Täterschaft reicht nicht aus. Die Gewissheit schließt die theoretische Möglichkeit eines anderen, auch gegenteiligen Sachverhaltes nicht aus. Es gehört nach der Auffassung des BGH gerade zum Wesen der Überzeugung, dass sie häufig einem objektiven Zweifel ausgesetzt ist. Der Richter muss sich in zweifelhaften Fällen mit einem „für das praktische Leben brauchbaren Grad an Gewissheit begnügen, der den Zweifeln Schweigen gebietet, ohne sie völlig auszuschließen".[19]

---

18 So einer der profiliertesten deutschen Strafrechtslehrer *Karl Peters*, StV 1987, S. 375, 377; ders., Untersuchungen zum Fehlurteil im Strafprozess, Berlin 1967.

19 BGH, Urteil vom 17.02.1970, Az.: III ZR 139/67 (Fall Anastasia), BGHZ 53, S. 245, 256.

F.3.5.1 Gesamtschau der Aussagemerkmale

Ein einzelnes Kriterium ist nie ein zuverlässiger Hinweis auf die Wahrheit oder Unwahrheit der Aussage. Das Gericht muss darauf achten, ob Defizite der Aussage auf einer mangelnden Ausdrucksfähigkeit, der intellektuellen und emotionalen Leistungsfähigkeit des Zeugen oder auf etwaigen körperlichen oder sozialen Dispositionen beruhen. Die Aussagemerkmale können auch andere (natürliche oder psychologische) Ursachen haben. Sie müssen daher mit Umständen außerhalb der Aussage abgeglichen werden.

Beispiel:
Eine fehlerhafte Bewertung erfuhr ein Zeuge, als er nach einem Verkehrsunfall als Verletzter vernommen wurde. Er erschien auf Krücken im Gerichtssaal. Nach der (stehend gemachten) Aussage über den Unfallhergang erklärte der Richter, dass er der Schilderung nicht glaube, weil er beobachtet habe, dass der Zeuge während der Aussage die Belastung der Beine mehrfach gewechselt hätte. Die Krücken sollten wohl nur Eindruck auf ihn machen und seien nicht erforderlich. Der Zeuge nutzte die Krücken aber nicht zur Entlastung des Beins, sondern weil er den versteiften Fuß nicht mehr abrollen konnte. Der Richter hatte versäumt, seine Annahme durch Nachfragen zu überprüfen.

F.3.5.2 Gesamtschau der Haupttatsachen

Haupttatsachen sind solche Fakten, die unmittelbar Elemente des Tatbestandes einer Norm beweisen können. Das Gericht muss alle zur Verfügung stehenden Tatsachen im Zusammenhang würdigen und widerspruchsfrei argumentieren, aus welchen Umständen es auf die Täterschaft schließt und andere Erklärungen ausschließt. Der BGH hat die Lückenhaftigkeit von Urteilen gerügt, wenn einzelne Beweismittel nicht zur Urteilsbildung herangezogen wurden. Kann das Gericht eine Einlassung des Angeklagten nicht widerlegen, muss es zu seinen Gunsten von der Richtigkeit ausgehen. Auch widerlegte Einlassungen des Angeklagten dürfen nicht einfach zu seinen Lasten gewertet werden. Stellt sich heraus, dass sein Alibi falsch war oder hat er zu bestimmten Tatsachen gelogen, kann daraus nicht unmittelbar auf seine Schuld geschlossen werden; auch Unschuldige versuchen nicht selten, eine Beweislage durch falsche Angaben zu ihren Gunsten zu beeinflussen. Abweichende Schilderungen des Angeklagten von früheren Vernehmungen lassen nicht unbedingt darauf schließen, dass der Angeklagte in der Hauptverhandlung die Unwahrheit sagt. Einen dementsprechenden Erfahrungssatz gibt es nicht. Umstände der Strafzumessung dürfen nicht zur Begründung der Täterschaft herangezogen werden; so kann aus der „besonderen Verstocktheit und Uneinsichtigkeit" des Angeklagten nicht auf seine Täterschaft geschlossen werden.

F.3.5.3 Bewertung von Indizien

Der Indizienbeweis, bei dem nur im Zusammenwirken mit anderen Tatsachen auf die Verwirklichung eines strafrechtlichen Tatbestandes geschlossen werden kann, ist in der gerichtlichen Praxis der Regelbeweis. Auch die Aussage des Augenzeugen oder das Geständnis des Angeklagten sind streng genommen nur Indizien. Beide können falsch sein. Das Gericht muss entscheiden, welche Aussagekraft ein Indiz im Hinblick auf ein bestimmtes Merkmal des Straftatbestandes hat.

Das Gericht hat aufgrund von Erfahrungssätzen festzustellen, welches Indiz hinsichtlich des jeweiligen Tatbestandsmerkmals belastend oder entlastend wirkt. Jedes belastende Indiz erhöht die Wahrscheinlichkeit für das Vorliegen dieses Merkmals. Auch wenn einzelne Indizien für sich genommen das Tatbestandsmerkmal nicht begründen können, kann die Gesamtschau mehrerer Indizien die Wahrscheinlichkeit des Tatbestandsmerkmals erhöhen. Mehrere mittelbare Tatsachen, die jeweils allein keine oder nur geringe Aussagekraft haben, können zusammen betrachtet einen Schluss auf die Täterschaft des Angeklagten zulassen. Auch auf innere Tatsachen (Vorsatz, Absicht) kann aus der Gesamtschau der Indizien geschlossen werden (z. B. kann aus der besonderen Brutalität des Prügelns geschlossen werden, dass der Angeklagte den Tod des Opfers billigend in Kauf genommen hat, also mit bedingtem Tötungsvorsatz handelte).

Beispiel:
Findet sich an der Tür des Hauses, in dem ein Mord geschah, ein Fingerabdruck des Angeklagten, beweist dieses Merkmal (nur), dass der Angeklagte irgendwann einmal an dem Haus gewesen sein muss. Steht fest, dass die Tür am Tag vor der Tat gereinigt wurde, lässt sich der Zeitraum eingrenzen. Leugnet der Angeklagte, jemals an dem Haus gewesen zu sein, kann auch daraus eine Schlussfolgerung gezogen werden. Wenn dann noch ein Motiv hinzukommt (z. B. Eifersucht), kann die Beweiskette weiter geschlossen werden.

F.4 Rechtliche Würdigung der Tat

Steht der Sachverhalt fest, muss das Gericht beurteilen, welche Strafnorm dadurch verletzt wird (Subsumtion, vgl. Bd. 1, S. 42). Man kann den Vorgang als Wenn-Dann-Vorgang beschreiben. Wenn jemand (Täter) einem anderen (Geschädigter) eine fremde bewegliche Sache (Tatobjekt) in der Absicht, sich diese rechtswidrig zuzueignen (Vorsatz), wegnimmt (Tathandlung), dann hat er einen Diebstahl nach § 242 StGB begangen. Wenn er einen Diebstahl begangen hat (Tatbestand), dann wird er mit Freiheitsstrafe bis zu 5 Jahren oder Geldstrafe bestraft (Rechtsfolge).

F.5 Abstimmung und Urteil

Die Beratung erfolgt in der Regel unverzüglich im Anschluss an die Plädoyers der Staatsanwaltschaft und der Verteidigung sowie das letzte Wort des Angeklagten, kann aber auch auf einen späteren Tag verschoben werden. Allerdings darf diese Verschiebung (vom Fall der Erkrankung abgesehen, §§ 268 Abs. 3, 229 Abs. 3, 4 StPO) 11 Tage nicht überschreiten. Ist innerhalb dieser Zeit kein Urteil verkündet worden, muss die Hauptverhandlung erneut beginnen (§ 268 Abs. 2 StPO).

Am Ende der Beratung wird über die Schuld des Angeklagten, die Rechtsfolgen und ggf. die Nebenentscheidungen abgestimmt (vgl. Bd. 1, S. 98 ff.). Entscheidungen zum Nachteil des Angeklagten über seine Schuld und die zu verhängende Strafe bedürfen einer Zwei-Drittel-Mehrheit. Jeder Schöffe muss an jeder Abstimmung teilnehmen; Stimmenthaltungen sind unzulässig. Unterschiedliche Auffassungen über die Strafhöhe werden abgestimmt, indem man von der höchsten Strafe ausgehend die Stimmen so lange der nächst höheren Strafe zuschlägt, bis die notwendige Zwei-Drittel-Mehrheit erzielt ist (§ 196 Abs. 2, 3 Satz 1 GVG, vgl. Bd. 1, S. 100 f.).

Das Urteil wird durch Verlesung des Urteilstenors und (meist mündliche) Begründung verkündet (§ 275 Abs. 1 StPO). Wird der Angeklagte zu einer Freiheitsstrafe verurteilt, deren Vollstreckung zur Bewährung ausgesetzt wird, muss zusammen mit dem Urteil durch Beschluss über die Dauer der Bewährungszeit sowie Auflagen und Weisungen entschieden werden (§ 268a StPO). Befindet sich der Angeklagte zum Zeitpunkt der Urteilsverkündung in U-Haft, ist mit dem Urteil zu entscheiden, ob diese fortdauern soll.

Praxistipps

- Eine gute Zusammenarbeit zeichnet sich dadurch aus, dass der Berufsrichter die Schöffen systematisch durch die zu treffenden Entscheidungen führt, ihnen Alternativen verständlich nahebringt und der Versuchung widersteht, sie durch sein Fachwissen in eine gewünschte Richtung zu dirigieren.
- Schöffen sollten sich ihre Beobachtungen bei der Vernehmung der Zeugen notieren, damit sie später Vergleichsmöglichkeiten haben. Die Umstände sollten nach den be- und entlastenden Merkmalen sortiert werden. So können sie die einzelnen Zeugen nach ihrer Glaubwürdigkeit im Vergleich zueinander einschätzen.

Teil G Technik der Strafzumessung

Bei der Strafzumessung als Teil der Beratung werden die Rechtsfolgen der festgestellten Straftat festgesetzt. Teil G erläutert, wie innerhalb des weiten gesetzlichen Strafrahmens die schuldangemessene Strafe zu finden ist, welche Faktoren dabei strafmildernd oder -schärfend zu gewichten sind, wie die Strafart und das genaue Strafmaß bestimmt und die Wirkung der Strafe auf den Täter prognostiziert werden können.

G.1 Aufgaben der Strafzumessung

Eine auf den Punkt genaue „gerechte" Strafe gibt es nicht. Jede Bemühung, eine Mathematisierung der Straffindung zu entwickeln, war bislang zum Scheitern verurteilt. In der Praxis haben sich zwar für Massendelikte – insbesondere im Bereich der Verkehrsstraftaten – de facto „Einheitskataloge" gebildet, die jedoch regional von Gericht zu Gericht unterschiedlich sind. Die Strafe muss immer der individuellen Schuld des Täters Rechnung tragen. Zwei Täter, die nach dem äußeren Erscheinungsbild der Tat dasselbe getan haben, können gleichwohl unterschiedlich bestraft werden.

Nach der grundlegenden Strafrechtsreform Ende der 1960er-Jahre hat der BGH deutlich gemacht, dass Strafe nur gerechtfertigt ist, wenn sie sich zugleich „als notwendiges Mittel zur Erfüllung der präventiven Schutzaufgabe des Strafrechts erweist". Bei der auf den jeweiligen Täter zugeschnittenen Strafe gehe es nicht allein um die gezielte Einwirkung auf einen schon entsozialisierten Täter (Resozialisierung), „sondern auch um die Vermeidung unbeabsichtigter Nebenwirkungen von Verurteilung und Vollzug, etwa der Gefahr, dass die Strafe einen bisher sozial ausreichend eingepassten Täter aus der sozialen Ordnung herausreißt. Die Strafvollstreckung soll sich nicht in einem sinnlosen Absitzen erschöpfen, sondern Behandlung im Vollzug sein."[20]

Die Methode der Strafzumessung hängt zunächst davon ab, ob gegen den Angeklagten eine Geld- oder eine Freiheitsstrafe zu verhängen ist. Freiheitsstrafen unter 1 Monat sind unzulässig; für Taten mit einem Schuldgehalt in einem so niedrigen Bereich kommt nur eine Geldstrafe in Betracht. Im Bereich von 1 Monat bis unter 6 Monaten gilt der Vorrang der Geldstrafe (siehe B.5a). Bei einer Geldstrafe bis zu 180 Tagessätzen (6 Monate zu 30 Tagen = 180 Tagessätze) kommt auch eine Verwarnung mit Strafvorbehalt in Betracht. In der Praxis werden Geldstrafen über 90 Tagessätze nur zurückhaltend verhängt, da insbesondere bei „Normal"-Verdienern kaum zu rechtfertigen ist, diesen ein Einkommen von mehreren Monaten zu entziehen.

Bei einer in Frage kommenden Freiheitsstrafe von 6 bis 12 Monaten (bzw. Geldstrafe zwischen 180 und 360 Tagessätzen) stehen beide Strafarten gleichberechtigt nebeneinander, soweit das jeweilige Strafgesetz Geld- und Freiheitsstrafe zulässt. Die Wertung,

20 BGH, Urteil v. 08.12.1970, Az.: 1 StR 353/70, BGHSt 24, S. 40, 42 f.

dass eine Geldstrafe immer die mildere Strafart gegenüber der Freiheitsstrafe ist, ist rein dogmatisch. In der Praxis kann die Geldstrafe als sehr viel härter empfunden werden (und tatsächlich auch die gravierenderen Auswirkungen haben) als eine Bewährungsstrafe. Kann sie nicht bezahlt werden, führt sie als Ersatzfreiheitsstrafe häufig schneller zum Freiheitsentzug als eine zur Bewährung ausgesetzte Freiheitsstrafe. Oberhalb einer in Betracht kommenden Strafe von 1 Jahr (oder einer Geldstrafe von mehr als einem Jahreseinkommen) ist eine Geldstrafe rechtlich nur noch zulässig, wenn wegen mehrerer Taten eine Gesamtgeldstrafe (bis zu 720 Tagessätzen) gebildet wird.

G.2 Die Bemessung der Freiheitsstrafe

Die Entscheidung über das Strafmaß der Freiheitsstrafe (siehe B.5) erfolgt in drei Schritten:

1. Zunächst wird der anwendbare Strafrahmen aus dem vom Angeklagten verletzten Strafgesetz ermittelt. Durch benannte oder unbenannte Strafschärfungs- bzw. -milderungsgründe wird der Strafrahmen nach oben oder unten verschoben.
2. Der Strafrahmen wird durch Merkmale der persönlichen Schuld ausgefüllt und konkretisiert (Katalog des § 46 StGB).
3. Zuletzt wird die Wirkung der Strafe berücksichtigt, die für das künftige Leben des Täters in der Gesellschaft zu erwarten ist (Präventionsentscheidung).

Freiheitsstrafen unter 1 Jahr werden in vollen Monaten und Wochen, solche über 1 Jahr in vollen Jahren und Monaten bemessen (§ 39 StGB).

G.2.1 Gesetzlicher Strafrahmen

Jedes Strafgesetz enthält eine Ober- und Untergrenze für die Strafe (sog. Strafrahmen). Die Untergrenze beträgt entweder 1 Monat oder eine in der jeweiligen Strafnorm vorgesehene erhöhte Untergrenze des Strafmaßes; die Obergrenze beträgt höchstens 15 Jahre oder eine in dem Gesetz vorgesehene niedrigere Höchstgrenze. Ist in dem jeweiligen Strafgesetz keine ausdrückliche Untergrenze genannt, beträgt die Mindeststrafe 1 Monat; enthält das Gesetz keine bestimmte Höchststrafe, beträgt diese 15 Jahre.

Durch zusätzliche Tatbestandsmerkmale kann ein schwerer Fall beschrieben werden, etwa anhand von Verhaltensweisen (z. B. gewerbsmäßiges Handeln), Begehungsarten (z. B. Ausführung der Tat mit Waffen) oder durch den Umfang der Tatbegehung (z. B. Handeln mit einer nicht geringen Menge Betäubungsmittel). Der durch ein Tatbestandsmerkmal definierte schwere Fall ist gegenüber dem Normalfall eine eigene Straftat, die sich zwingend aus der Subsumtion unter das jeweilige Tatbestandsmerkmal ergibt.

Beispiel:
Der „Normalfall" eines Raubes sieht Freiheitsstrafe von 1 Jahr bis zu 15 Jahren vor (§ 249 StGB). Der schwere Raub ist mit mindestens 3 Jahren (bei Führen einer Waffe, bandenmäßiger Begehung usw., § 250 Abs. 1 StGB) bzw. mindestens 5 Jahren (Benutzen einer Waffe, Todesgefahr usw., § 250 Abs. 2 StGB) bedroht. Liegt ein solches erschwerendes Tatbestandsmerkmal vor, ist die Strafe zwingend dem jeweils erhöhten Strafrahmen des schweren Falles zu entnehmen.

G.2.2 Verschiebungen des gesetzlichen Strafrahmens

Der auf diese Weise ermittelte „Normalstrafrahmen" kann durch Strafmilderungen oder Strafschärfungen ausgeweitet oder eingeengt werden. Das geschieht entweder durch besonders definierte (benannte) oder unbenannte Strafschärfungs- oder -milderungsgründe.

G.2.2.1 Strafmilderungen

(a) Der Allgemeine Teil des StGB sieht eine Reihe von Gründen vor, die eine Milderung des Strafrahmens vorschreiben oder zulassen (**benannte Strafmilderungsgründe**). Ist die Milderung vorgeschrieben, muss das Gericht den Strafrahmen verringern. Ist sie zugelassen, kann das Gericht von der Milderung Gebrauch machen.

Vorgeschrieben ist eine Milderung bei

- der Strafe für einen Gehilfen (§ 27 Abs. 2 StGB, vgl. Bd. 1, S. 30);
- einem Teilnehmer (Anstifter oder Gehilfe), bei dem bestimmte persönliche Merkmale fehlen, die Voraussetzung für eine Strafbarkeit des Täters sind (§ 28 Abs. 1 StGB); so würde jemand, der einen Amtsträger zur Bestechlichkeit verleitet, ohne selbst Amtsträger zu sein, milder bestraft als der bestechliche Amtsträger;
- versuchter Anstiftung zu einem Verbrechen, wenn der Angeklagte als Mittäter oder Gehilfe einen anderen dazu bestimmen wollte, ein Verbrechen zu begehen (§ 30 Abs. 1 StGB);
- einem Irrtum (vgl. Bd. 1, S. 27 f.) über einen entschuldigenden Notstand (§ 35 Abs. 2 StGB), d. h. wenn der Angeklagte irrtümlich angenommen hat, in einer gegenwärtigen, nicht anders abwendbaren Gefahr für Leben, Leib oder Freiheit eine rechtswidrige Tat begehen zu dürfen, um die Gefahr von sich, einem Angehörigen oder einer anderen ihm nahestehenden Person abzuwenden;
- einer erfolglosen öffentlichen Aufforderung zu Straftaten (§ 111 Abs. 2 StGB).

Zugelassen ist die Milderung bei

- einer durch Unterlassen begangenen Tat (§ 13 StGB, vgl. Bd. 1, S. 21 f.);
- Handeln im vermeidbaren Verbotsirrtum (§ 17 StGB, vgl. Bd. 1, S. 27 f.);

- einem strafbaren Versuch (§ 23 StGB). Obwohl der Unrechtsgehalt eines Versuches regelmäßig unter dem eines vollendeten Delikts liegt, hat der Gesetzgeber davon abgesehen, die Strafe für das nur versuchte Delikt zwingend zu mildern. Faustformel: Je weiter sich der Versuch dem vollendeten Delikt nähert, umso eher ist von Milderung abzusehen;
- verminderter Schuldfähigkeit (§ 21 StGB, vgl. Bd. 1, S. 26);
- durchgeführtem Täter-Opfer-Ausgleich, wenn der Täter Wiedergutmachung geleistet (§ 46a Nr. 1 StGB) oder das Opfer entschädigt hat (§ 46a Nr. 2 StGB);
- Aufklärungshilfe (Kronzeugenregelung). Das Gericht kann bei Straftaten eines Aufklärungsgehilfen nach dem BtMG von Strafe absehen (§ 31 BtMG) oder die Strafe nach § 49 Abs. 2 StGB mildern, soweit es sich bei der Tat nicht um einen besonders schweren Fall handelt. Voraussetzung ist, dass der Aufklärungsgehilfe
  - durch freiwillige Offenbarung seines Wissens wesentlich dazu beiträgt, dass eine Tat über seinen eigenen Beitrag hinaus aufgedeckt wird, oder
  - sein Wissen so rechtzeitig offenbart, dass besonders schwere Straftaten (§§ 29 Abs. 3, 29a Abs. 1, 30 Abs. 1, 30a Abs. 1 BtMG) verhindert werden können.

  Eine Strafmilderung kommt weiter in Betracht, wenn der Aufklärungsgehilfe eine in § 100a Abs. 2 StPO aufgezählte schwere Straftat aufdeckt oder verhindert (§ 46b StGB). Hat er selbst eine Strafe von nicht mehr als 3 Jahren verwirkt, kann auch von Strafe abgesehen werden.

  Bei dem Mitglied einer kriminellen Vereinigung (§ 129 StGB) kann das Gericht die Strafe nach § 49 Abs. 2 StGB mildern oder von einer Bestrafung absehen, wenn der Aufklärungsgehilfe sich freiwillig und ernsthaft bemüht, das Fortbestehen der Vereinigung oder die Begehung einer ihren Zielen entsprechenden Straftat zu verhindern, oder freiwillig sein Wissen so rechtzeitig offenbart, dass Straftaten, deren Planung er kennt, noch verhindert werden können.

In aller Regel geringer bestraft wird auch die fahrlässige Begehung einer Straftat (vgl. Bd. 1, S. 23 f.). Dabei ist der Grad der Fahrlässigkeit entscheidend: ob der Täter durch mangelnde Sorgfalt den Tatbestand eines Strafgesetzes verwirklicht, ohne dies zu erkennen (unbewusste Fahrlässigkeit) oder bewusst fahrlässig handelt, wenn er die Gefahr seines Handelns zwar erkennt, aber darauf vertraut, dass „schon nichts passieren werde“.

(b) Einige Strafvorschriften lassen für einen nicht näher beschriebenen „minder schweren Fall“ (**unbenannte Strafmilderungsgründe**) einen geringeren Strafrahmen zu. Das Gericht muss dann im Einzelfall prüfen, ob Anhaltspunkte für eine mildere Beurteilung der Tat vorliegen. In die Gesamtbetrachtung eines minder schweren Falles können Gründe einbezogen werden, die

- vor der Tat liegen (Vorleben, Entwicklung und Erziehung usw.),

- sich aus der Tat selbst ergeben (spontane Handlung statt Planung, geringer Schaden usw.),
- erst nach der Tat entstanden sind (Wiedergutmachung, Stabilisierung der Lebensverhältnisse usw.).

(c) Liegt ein **minder schwerer Fall** vor, reduziert sich der Strafrahmen. Entweder ist der Strafrahmen für den minder schweren Fall in der betreffenden Vorschrift aufgeführt; dann ist er der weiteren Straffindung zu Grunde zu legen. Die Strafnorm kann aber auch auf den Berechnungsmodus des § 49 Abs. 1 StGB verweisen, wonach sich Höchst- und Mindestmaß des Strafrahmens wie folgt berechnen:

- Höchstmaß:
  - Ist für die Tat eine lebenslange Freiheitsstrafe vorgesehen, verringert sich der Strafrahmen auf eine Spanne von mindestens 3, höchstens 15 Jahren.
  - Das Höchstmaß einer zeitigen Freiheitsstrafe ermäßigt sich für jeden zulässigen Milderungsgrund auf drei Viertel des angedrohten Höchstmaßes.
- Mindestmaß:
  - Eine Mindeststrafe von 10 oder 5 Jahren verringert sich auf 2 Jahre,
  - eine Mindeststrafe von 3 oder 2 Jahren verringert sich auf 6 Monate,
  - eine Mindeststrafe von 1 Jahr verringert sich auf 3 Monate,
  - im Übrigen verringert sich die Mindeststrafe auf das gesetzliche Mindestmaß (1 Monat).

Verweist das Gesetz auf die Milderung nach § 49 Abs. 2 StGB, kann das Gericht bis auf das gesetzliche Mindestmaß (1 Monat Freiheitsstrafe) heruntergehen oder auch dann auf eine Geldstrafe erkennen, wenn diese in der betreffenden Strafnorm nicht vorgesehen ist (§ 47 StGB), z. B. wenn der Täter aus grobem Unverstand verkannt hat, dass der Versuch einer Straftat überhaupt nicht zum Erfolg führen konnte, weil er sich eines untauglichen Objekts oder Mittels bedient hat (sog. untauglicher Versuch, § 23 Abs. 3 StGB). Milderungen nach § 49 Abs. 2 StGB stehen immer im (pflichtgemäßen) Ermessen des Gerichts. Es entscheidet nach den Umständen des Einzelfalles im ersten Schritt, ob es die Milderung überhaupt gewährt; danach wird entschieden, ob die Strafe gemildert oder – wenn dies zulässig ist – ganz von ihr abgesehen werden soll.

(d) Liegen mehrere Milderungsgründe vor, kann das Gericht alle bei der Bemessung der Strafe heranziehen.

Beispiel:
Hat der Täter einen Raub versucht und befand sich wegen einer alkoholischen Beeinflussung in einem Zustand verminderter Schuldfähigkeit, kann der Strafrahmen zweimal gemildert werden. Wegen des Versuchs kann nach § 49 StGB Abs. 1 das Höchstmaß von 15 Jahren auf drei Viertel davon (= 11 Jahre und 3 Monate) und das Mindestmaß von 1 Jahr auf 3 Monate gesenkt werden. Aufgrund der verminderten Schuldfähigkeit kann das Höchstmaß der Strafe erneut auf drei Viertel der bereits abgesenkten Höchststrafe gesenkt werden (= $100\frac{3}{4}$ Monate), also auf 8 Jahre und 4 Mo-

nate, da Strafen über 1 Jahr in vollen Jahren und Monaten festgesetzt werden (§ 39 StGB); das Mindestmaß sinkt auf 1 Monat.

G.2.2.2 Strafschärfungsgründe

Der Strafrahmen kann durch besonders schwere Fälle erweitert werden. Dabei werden benannte und unbenannte Strafschärfungsgründe unterschieden.

(a) Im Gesetz kann zu einem Delikt beispielhaft erläutert werden, wann „in der Regel" ein schwerer Fall vorliegt (sog. **Regelbeispiele** als benannte Strafschärfungsgründe). Das Gericht muss dann einerseits prüfen, ob im Einzelfall das Vorliegen des Regelbeispiels den schweren Fall begründet oder ob die konkrete Begehung doch nicht als so schwer anzusehen ist, dass sie eher dem „Normalfall" entspricht. Andererseits können auch Begehungsweisen, die nicht im Gesetz aufgeführt sind, den Regelbeispielen nahekommen und die Annahme eines besonders schweren Falles begründen. Regelbeispiele beschreiben eben nur die „Regel" und nennen ein „Beispiel" für den (besonders) schweren Fall.

Beispiel:
Für den besonders schweren Fall des Diebstahls führt § 243 StGB folgende Regelbeispiele an: Einbruch, gewerbsmäßiges Stehlen, Diebstahl aus einer Kirche, Ausnutzen der Hilflosigkeit des Opfers usw. Die Rechtsprechung hat weitere Tatausführungen, die den Regelbeispielen in der Intensität der Begehung oder der Verletzung des Rechtsgutes gleichkommen, ebenfalls als besonders schwer angesehen, z. B. den Diebstahl von Sachen mit hohem Wert, den von einem Amtsträger begangenen Diebstahl oder den Diebstahl einer Sache, die dem öffentlichen Nutzen dient.

(b) Das StGB nennt in einigen Strafvorschriften nicht näher beschriebene **„besonders schwere Fälle"** (sog. unbenannte Strafschärfungsgründe). „Erschwerend" dürfen nur Umstände herangezogen werden, die mit der Tat in Zusammenhang stehen. Als Merkmale für einen besonders schweren Fall kommen in Betracht: besonders hoher Schaden, lange Dauer der Tat, viele einzelne Taten, gewerbsmäßiges Handeln. In aller Regel müssen mehrere Merkmale zusammenkommen. Wie sich der Täter nach der Tat verhalten hat, ist für die Annahme eines besonders schweren Falles nicht erheblich. Weder Vorstrafen noch nach dieser Tat begangene Straftaten können zur Begründung eines besonders schweren Falles herangezogen werden.

Der besonders schwere Fall kann verneint werden, wenn zu den erschwerenden Gründen mildernde Umstände hinzutreten, die den Fall insgesamt milder erscheinen lassen. Faustregel: Der besonders schwere Fall muss immer aus den Umständen der Tat selbst begründet werden; zur Annahme eines minder schweren Falles können auch Umstände außerhalb der Tat herangezogen werden.

(c) Liegt ein besonders schwerer Fall einer Tat vor, ist der anzuwendende erhöhte Strafrahmen immer in der jeweiligen Strafnorm aufgeführt („nicht unter …"; „bis zu …"; „von … bis"). Von diesem erhöhen Strafrahmen muss das Gericht bei seiner weiteren Beratung ausgehen.

(d) Der Unterschied zwischen dem schweren Fall aufgrund eines Tatbestandsmerkmals (siehe G.2.1) und den schweren Fällen aufgrund von Strafschärfungsgründen macht sich bei der **Verjährung** einer Straftat bemerkbar. Die Frist, nach der eine Tat verjährt und nicht mehr verfolgt werden kann (§ 78 Abs. 1 StGB), richtet sich nach der Strafandrohung des Gesetzes, dessen Tatbestand verwirklicht ist. Gehört der „schwere Fall" also zum Tatbestand, kann ein erhöhter Strafrahmen die Verjährungsfrist verlängern. Bloße Strafschärfungsregeln dagegen verlängern die Verjährungsfrist nicht (§ 78 Abs. 4 StGB), sondern richten sich nach der Verjährungsfrist des „einfachen" Delikts.

Beispiele:
a. Der Diebstahl hat im Normalfall des § 242 Abs. 1 StGB eine Verjährungsfrist von 5 Jahren, weil die höchste Strafe 5 Jahre beträgt (§ 78 Abs. 2 Nr. 4 StGB). Der Diebstahl mit Waffen (§ 244 StGB), der die Benutzung der Waffe als Tatbestandsmerkmal beschreibt, hat eine Verjährungsfrist von 10 Jahren, weil er im Höchstmaß mit 10 Jahren Freiheitsstrafe bedroht ist (§ 78 Abs. 2 Nr. 3 StGB).
b. Der besonders schwere Fall des Diebstahls nach § 243 StGB ist zwar ebenfalls mit Freiheitsstrafe bis zu 10 Jahren bedroht; die Verjährungsfrist beträgt aber (wie beim „einfachen" Diebstahl) 5 Jahre, weil es sich bei den Regelbeispielen des § 243 StGB nur um Strafzumessungsregeln handelt (§ 78 Abs. 4 StGB).

G.2.2.3 Doppelverwertungsverbot

Jeder Umstand für eine Strafzumessung darf nur einmal berücksichtigt werden (sog. Doppelverwertungsverbot). Kann ein Umstand rechtlich zu zwei Strafmilderungsgründen führen, darf er nur mit einer Milderung berücksichtigt werden. Kommt das Gericht z. B. bei Gesamtwürdigung aller Umstände zu einem minder schweren Fall erst dann, wenn es sowohl die Trunkenheit als auch den Versuch in die Begründung einbezogen hat, sind beide Gründe „verbraucht"; eine weitere Milderung nach § 49 Abs. 1 StGB kommt aus diesen Gründen nicht mehr in Betracht. Ebenso wenig darf ein Strafschärfungsgrund doppelt verwertet werden. Auch ein Merkmal, das im gesetzlichen Tatbestand enthalten ist, darf nicht zusätzlich für die Strafzumessung benutzt werden, weil es dann ebenfalls zum zweiten Mal verwendet würde.

Beispiel:
Dem wegen gefährlicher Körperverletzung Verurteilten darf nicht strafschärfend angerechnet werden, dass er für die Verletzung ein Messer benutzt hat. Die Benutzung einer Waffe oder eines gefährlichen Werkzeuges begründet bereits den Tatbestand der

gefährlichen Körperverletzung (§ 224 StGB), der gegenüber der einfachen Körperverletzung einen erhöhten Strafrahmen hat.

G.2.3 Einordnung der Schuld in den Strafrahmen

Grundlage für die Strafzumessung ist die Schuld des Täters (§ 46 Abs. 1 StGB). Der Strafrahmen der verletzten Norm muss durch Merkmale der persönlichen Schuld ausgefüllt und konkretisiert werden. Hierfür stellt § 46 Abs. 2 StGB einen Katalog von zu berücksichtigenden Kriterien auf, der jedoch nicht abschließend ist.

Die schuldangemessene Strafe ergibt sich aus dem Abwägen der für und gegen den Angeklagten sprechenden Gesichtspunkte. Welches Gewicht das Gericht einzelnen mildernden und erschwerenden Gesichtspunkten beimisst, kann durchaus regional und zu verschiedenen Zeiten unterschiedlich sein. Gerade bei Gerichten mit Schöffenbeteiligung wird in die Wertung, welche Verhaltensweise besonders schwer und welche nachsichtiger zu bestrafen ist, immer auch die öffentliche Meinung einfließen. Kein Gericht wird auf Dauer Strafen verhängen können, die von der Bevölkerung nicht akzeptiert werden. Vermeintlich zu niedrige oder zu hohe Strafen erregen die öffentliche Meinung genauso wie angebliche Fehlurteile im Schuldspruch.

G.2.3.1 Der Katalog der Schuldmerkmale

Eine verbindliche Definition der „Schuld“ nimmt der Gesetzgeber nicht vor. Er stellt lediglich einen Katalog von Kriterien zur Verfügung, die strafmildernd und strafschärfend zu berücksichtigen sind, den Begriff der Schuld also praktisch ausfüllen (§ 46 Abs. 2 StGB). Innerhalb des gesetzlichen Strafrahmens wird die Strafe je nach der Schwere der einzelnen Merkmale nach oben oder unten verschoben. Die bloße Zahl entlastender und belastender Umstände hat keine Aussagekraft. Die einzelnen strafschärfenden und strafmildernden Umstände müssen gewichtet werden und lassen erst in ihrer Gesamtwürdigung die Tat in einem eher schweren oder milden Licht erscheinen.

(a) Bei den **Beweggründen und Zielen des Täters** ist zu unterscheiden, ob er an die Begehung von Straftaten gewöhnt ist oder ob die Tat spontan, vielleicht aus einer momentanen Versuchung heraus begangen wurde, ob er aus eigennützigen oder vielleicht selbstlosen Gründen handelte. Beweggrund für eine Tat kann eine soziale Notlage, Gewinnsucht, Sorge um den Bestand des Unternehmens usw. sein.

(b) Die **Gesinnung** bezieht sich auf die Tatausführung, nicht auf die allgemeine oder politische Gesinnung des Täters. Für die Straffindung ist bedeutsam, ob sie in Hinblick auf die abzuurteilende Tat (ver)achtenswerte Gründe enthält. Anhaltspunkte für die aus der Tat sprechende Gesinnung sind z. B. Rohheit oder Rücksichtslosigkeit. Der bei der Tat aufgewendete Wille zielt auf die **kriminelle Energie** des Täters bei der Begehung der Tat ab. Das kann ein langer Tatzeitraum sein, eine besondere Hartnäckigkeit bei der Tatausführung oder ein mit viel Raffinesse ausgeklügelter Plan.

(c) Das **Maß der Pflichtwidrigkeit** ist insbesondere bei Fahrlässigkeitstaten von Bedeutung, betrifft aber auch die Verletzung besonderer Rechtspflichten, wie z. B. die Untreue des Geschäftsführers einer Gesellschaft. Gerade bei Fahrlässigkeitstaten darf man das Maß der Pflichtverletzung nicht mit dem angerichteten Schaden gleichsetzen.

Beispiel:
Wer infolge leichter Fahrlässigkeit an einer unübersichtlichen Kreuzung einen Unfall verschuldet, bei dem ein junger Mensch zu Tode kommt, dem wird man nicht strafschärfend vorhalten können, seine Pflichtverletzung sei deshalb besonders schwer, weil er ein blühendes Leben ausgelöscht habe.

(d) Bei der **Art der Ausführung** kommen einerseits besonders gefährliche Mittel oder eine sorgfältige Planung, andererseits aber auch das Verhalten des Opfers in Betracht (Provokation, besonderer Leichtsinn). Hier können auch Umstände berücksichtigt werden, die nicht eingetreten sind, vom Täter aber in Kauf genommen wurden. Kommt bei einem Bombenanschlag in einer belebten Einkaufspassage zufällig kein Unbeteiligter ums Leben, kann dem Täter gleichwohl strafschärfend zugerechnet werden, dass er das Leben vieler Menschen gefährdet hat.

(e) Das deutsche Strafrecht ist zwar Schuld- und nicht Erfolgsstrafrecht; der mit der Straftat erreichte Erfolg lässt sich aber bei der Strafbemessung nicht ausklammern. Hierauf ist das Merkmal der **verschuldeten Auswirkungen** der Tat ausgerichtet. Diese können eine verursachte Notlage für einen Dritten, psychische Schäden beim Opfer, bleibende Körperschäden usw. sein. Dabei ist das Gericht nicht auf die durch die reine Tatbegehung verursachten Auswirkungen beschränkt. Auch ideelle oder mittelbare Auswirkungen, wie der Schock der Eltern über den Tod des Kindes, können bei der Strafzumessung berücksichtigt werden.

(f) Das **Vorleben** des Täters spielt eine wesentliche Rolle bei der Straffindung. Gerade hier ist aber besondere Vorsicht geboten. Nicht jede Vorstrafe wirkt strafschärfend, sondern nur eine solche, bei der der Täter die ihm zugedachte Warnung missachtet hat. Die frühere Verurteilung wegen fahrlässiger Körperverletzung im Straßenverkehr hat eine Warnfunktion für den Verurteilten im Hinblick auf sein künftiges Verhalten im Straßenverkehr, allenfalls noch im weiteren Sinne im Hinblick auf die Beachtung des Rechtsgutes „körperliche Unversehrtheit“ Dritter. Sie kann aber nicht als Strafschärfungsgrund bei einer späteren Verurteilung wegen Unterhaltspflichtverletzung herangezogen werden.

Im Zentralregister getilgte oder tilgungsreife Vorstrafen dürfen bei der Strafzumessung nicht berücksichtigt werden. Schwierig ist die Frage, ob frühere, der Allgemeinheit erbrachte Leistungen strafmildernd zu werten sind, z. B. wenn der Täter bei einer Unfallrettungsorganisation ehrenamtlich tätig war und schon mehrfach Menschenleben gerettet hat. Es muss auch hier bei dem Grundsatz bleiben, dass bei der Strafzumessung nur Berücksichtigung finden kann, was einen Bezug zur Tat hat. Das wird im erwähnten Beispiel nur in seltenen Fällen vorliegen, etwa dann, wenn der Rettungshelfer bei einem Einsatz fahrlässig eine Körperverletzung begeht. Umgekehrt darf auch ein liederlicher Lebenswandel dem Angeklagten nicht strafschärfend zugerechnet werden, wenn er nicht im Zusammenhang mit der Tat steht. Eine Lebensführungsschuld ist dem deutschen Strafrecht fremd; anstößige oder unmoralische Verhaltensweisen, die nicht strafbar sind, dürfen sich nicht belastend auswirken.

(g) Zu den **persönlichen Verhältnissen** gehören Alter, Gesundheitszustand, Intelligenz, Erziehung, berufliche und soziale Stellung usw. Bei dem letzten Merkmal stellt sich die Frage, ob sich eine herausgehobene berufliche oder soziale Stellung strafschärfend auswirken kann. Soll ein Abgeordneter, der betrunken in seinem Wahlkreis fährt und dabei einen anderen Verkehrsteilnehmer anfährt, härter bestraft werden als ein Durchschnittsbürger? Wird ein Schöffe, der in einem eigenen Prozess falsch ausgesagt hat, härter bestraft wegen seiner Aufgabe, Recht zu sprechen und dort der Wahrheit verpflichtet zu sein?

(h) Selbstverständlich wirkt die **Ausländereigenschaft** generell weder strafmildernd noch -schärfend. Allerdings müssen die Eigenheiten des Kulturkreises berücksichtigt werden, wenn es z. B. darum geht zu beurteilen, ob ein Irrtum über die Strafbarkeit eines bestimmten Tuns vermeidbar war oder nicht.

(i) Auch die **Auswirkungen der Tat** auf den Täter sind bei der Strafzumessung zu berücksichtigen. Nicht nur die rechtlichen Konsequenzen der Tat, auch tatsächliche Auswirkungen können zu einer geringeren Strafe führen, weil der Täter bereits in anderer Weise „bestraft“ wurde (z. B. weil er wegen des begangenen Diebstahls seinen Arbeitsplatz verloren hat).

G.2.3.2 Irrtum über Merkmale der Strafzumessung

Problematisch bei der Strafzumessung können Fälle sein, bei denen Merkmale, die für die Strafzumessung Bedeutung haben, unabhängig vom Willen des Täters anders eintreten, als er vorhergesehen oder geplant hat. Bricht der Täter z. B. in eine normale Vorstadtwohnung ein, in der er nichts außergewöhnlich Wertvolles vermutet, und nimmt dort einen unscheinbaren Gegenstand mit, der sich als wertvolle Antiquität herausstellt, stellt sich die Frage, ob man dem Täter den herausragenden Wert der Beute, den er bei der Begehung der Tat gar nicht erkannt hat (und nicht erkennen konnte), strafschärfend zurechnen darf. Stellt man auf den objektiven hohen Wert ab, hat der Täter eine schwerwiegende Tat begangen; legt man den subjektiven Willen zu Grunde, ist die Tat weniger schwer. Die Rechtsprechung verlangt, dass der Täter die Umstände hätte kennen können. Bricht der Täter in ein Museum ein, um ein wertvolles Bild zu stehlen, das aber tags zuvor durch eine Kopie ersetzt wurde, hat er objektiv keinen großen Schaden angerichtet; sein Wille war aber auf einen großen Wert gerichtet. Hier wird man dem Täter den geringeren Wert der Beute nicht strafmildernd anrechnen können.

G.2.3.3 Tätige Reue

Die tätige Reue setzt voraus, dass der Täter nach Beginn seiner Tathandlung wieder Abstand von der Tat nimmt oder den Erfolg abwendet. Sie kann zur Strafmilderung oder Straffreiheit führen, wenn das jeweilige Gesetz eine solche Rechtsfolge zulässt. Sieht ein Strafgesetz diesen Milderungsgrund nicht vor, kann das Gericht eine tätige Reue als „Verhalten nach der Tat" (§ 46 StGB) ansehen und die Strafe entsprechend niedriger ansetzen.

Zur Straffreiheit führen als Unterfall der tätigen Reue der Rücktritt vom Versuch einer Straftat (vgl. Bd. 1, S. 28) und die Selbstanzeige bei der Steuerhinterziehung bis höchstens 50.000,– €. Auch bei Absprachen im Wettbewerb (§ 298 Abs. 3 StGB), Geldwäsche (§ 261 Abs. 9 StGB), Subventions- (§ 264 Abs. 5 StGB) und Kreditbetrug (§ 265b Abs. 2 StGB) sind besondere Strafaufhebungsgründe für tätige Reue vorgesehen. Strafmilderung oder Strafbefreiung ist z. B. bei Delikten gegen den Bestand der Bundesrepublik Deutschland (§ 83a, § 87 Abs. 3, § 98 Abs. 2 StGB), der Bildung einer kriminellen Vereinigung (§ 129 Abs. 6 StGB), Fälschungs- (§ 149 Abs. 3 StGB) und Aussagedelikten (§ 158 StGB), aber auch bei gemeingefährlichen Delikten (vgl. § 306e, § 314a, § 320 StGB) wie bestimmten Umweltdelikten (§ 330b StGB) vorgesehen. Sogar beim erpresserischen Menschenraub (§ 239a StGB) tritt Strafmilderung ein, wenn der Entführer sein Opfer wieder in dessen Lebenskreis entlässt.

G.2.4 Präventionsentscheidung

Das dritte Kriterium der Straffindung, die Präventionsentscheidung, beschäftigt sich vorrangig mit dem Täter und seinem (durch die Strafe zu beeinflussenden) künftigen Verhalten (Spezialprävention), aber auch mit der Einwirkung des Urteils auf potenzielle andere Straftäter (Generalprävention). Darüber hinaus muss die Strafempfindlichkeit des Angeklagten berücksichtigt werden. Auf den Hartnäckigen muss stärker eingewirkt werden als auf den, der sich schon durch das bloße Strafverfahren beeindruckt zeigt. Bei der Prognose der Auswirkungen des Urteils hat das Gericht insbesondere folgende Faktoren in Betracht zu ziehen:

- das Vorleben des Täters (Ausbildung, Familie, Vorstrafen, unfallfreies Fahren usw.) sowie persönliche und wirtschaftliche Verhältnisse (Reife, Intelligenz, Schwangerschaft);
- sein Verhalten nach der Tat, besonders im Bemühen, den Schaden wieder gutzumachen, z. B. Hilfe für das Opfer nach der Tat, Verhalten im Prozess (hartnäckiges Leugnen kann nur ausnahmsweise zum Nachteil des Angeklagten berücksichtigt werden).

Im Rahmen dieser Erwägungen werden auch die weiteren Auswirkungen der Strafe, z. B. auf Beruf, Ausbildung oder Familie zu berücksichtigen sein:

- Geldstrafen von nicht mehr als 90 Tagessätzen oder Freiheitsstrafen von nicht mehr als 3 Monaten werden nicht in ein Führungszeugnis aufgenommen, wenn sonst keine weiteren Strafen im Zentralregister eingetragen sind (§ 32 Abs. 2 Nr. 5 BZRG). Dies kann z. B. bei einem arbeitslosen Angeklagten, der sich bewerben will, von Bedeutung sein.
- Ein Beamter, der wegen einer vorsätzlichen Straftat zu einer Freiheitsstrafe von mindestens 1 Jahr verurteilt wurde, ist mit der Rechtskraft des Urteils automatisch aus dem Dienst entlassen (§ 24 Abs. 1 Nr. 1 Beamtenstatusgesetz).
- Bei einem ausländischen Angeklagten kann die Höhe der Strafe Bedeutung für eine Ausweisung haben.

Die Überlegungen zum Strafmaß und die Festsetzung einer „gerechten" Strafe müssen eng gekoppelt sein mit dem Zweck der Strafe („Wird die beabsichtigte Strafe ihren Zweck erfüllen?"). Vor einem „Automatismus der Strafen" muss gewarnt werden. Bei gleich gelagerter Tatbegehung und Motivation kann es gerechtfertigt sein, unterschiedlich zu reagieren. So kann bei einem Täter eine Geldstrafe für den ersten Diebstahl angemessen sein, während der andere durch eine kurze Freiheitsstrafe zur Bewährung „geschockt" werden muss.

G.2.5 Prognoseentscheidungen

Im Zusammenhang mit dem Urteil hat das Gericht häufig eine Prognose des Angeklagten hinsichtlich seines künftigen Verhaltens zu treffen:

- Die **Strafaussetzung zur Bewährung** hängt weitgehend davon ab, ob der Verurteilte künftig ein straffreies Leben führen wird.
- Die **Sicherungsverwahrung** kann angeordnet werden, wenn der Angeklagte in Zukunft aufgrund seines Hanges zu erheblichen Straftaten gefährlich für die Allgemeinheit sein wird.
- Bei der **Strafzumessung** ist zu berücksichtigen, welche Auswirkungen die Strafe auf den Verurteilten haben wird.
- Die **Unterbringung in einem psychiatrischen Krankenhaus** setzt eine Prognose voraus, ob von dem Angeklagten erhebliche rechtswidrige Taten zu erwarten sind und er deswegen eine Gefahr für die Allgemeinheit darstellen wird.
- Bei der **Unterbringung in der Entziehungsanstalt** ist einzuschätzen, ob wegen eines Hanges zu berauschenden Mitteln die Gefahr künftiger rechtswidriger Taten besteht.
- Die Anordnung eines **Berufsverbotes** hat die Prognose zur Voraussetzung, dass der Angeklagte weitere gleich gelagerte Straftaten unter Missbrauch seines Berufes oder Gewerbes begehen wird.

- Die **Verwarnung mit Strafvorbehalt** setzt voraus, dass der Angeklagte in Zukunft keine weiteren Straftaten mehr begehen wird.

Die zentrale Frage bei der Prognose ist, ob sich der Verurteilte künftig straffrei verhalten wird. Ob er ansonsten ein „ordnungsgemäßes Leben“ führen wird, ist nicht Gegenstand der Entscheidung des Gerichts. Es ist nicht von Interesse, ob der Angeklagte seine Familie ordentlich behandeln, einer Arbeit nachgehen oder seine Schulden begleichen wird. Man spricht deshalb von einer **Kriminalprognose.** Solche Entscheidungen auf die Zukunft sind naturgemäß schwierig und mit einer gewissen Fehlerquote behaftet. Prognosen beruhen überwiegend auf reiner Lebens- und Berufserfahrung.

Der Erfassung der für eine Prognose bedeutsamen Umstände widmen sich verschiedene Methoden. Die statistische Methode vergleicht, wie oft das Vorliegen bestimmter objektiver Merkmale (unvollständiges Elternhaus, Schulversagen, fehlende Berufsausbildung, Arbeitslosigkeit, Alkoholmissbrauch usw.) mit tatsächlicher Straffälligkeit zusammentrifft. Die intuitive Methode leitet die Voraussage von dem Eindruck ab, den der Angeklagte in der Hauptverhandlung hinterlassen hat. Allerdings widersprechen die Begriffe „Intuition“ und „Methode“ einander. Hinter einer Intuition steckt in aller Regel keine Methode, sondern sie ist spontan auf den Einzelfall bezogen. Das heißt nicht, dass diese Vorgehensweise keinen Platz bei der Prognoseentscheidung hätte. Phantasie, Kreativität und Eingebung durch Erfahrung können durchaus zu Erkenntnissen über den Angeklagten und sein künftiges Verhalten führen. Die klinische Methode bedient sich der Mittel der persönlichen und sozialen Anamnese (Vorgeschichte), psychologischer, psychiatrischer und neurologischer Befunde und Untersuchungen. Die Methoden sind nicht trennscharf gegeneinander abgegrenzt, sondern beinhalten verschiedene Aspekte, die zusammenwirken können.

Der Satz „Im Zweifel für den Angeklagten“ gilt auch bei der Prognose, und zwar in der Weise, dass das Gericht von Tatsachen, die sich bei der Prognose ungünstig auswirken, überzeugt sein muss; Merkmale, die sich günstig auswirken, müssen nur möglich sein.

G.3 Tateinheit, Tatmehrheit, Gesamtstrafe

Wenn jemand durch eine Handlung mehrere Strafgesetze verletzt (Tateinheit), wird nur eine Strafe verhängt.

Beispiel:
Wer durch einen Messerstich einen Menschen umbringen will, der aber überlebt, hat einen versuchten Totschlag in Tateinheit mit vollendeter Körperverletzung begangen. Die Körperverletzung wurde durch dieselbe Handlung (Messerstich) wie der versuchte Totschlag begangen.

Hat der Angeklagte Straftaten durch mehrere selbstständige Handlungen begangen (Tatmehrheit), wird für jede Tat eine eigene Strafe gebildet. Diese Strafen werden aber nicht einfach addiert. Aus den einzelnen Strafen wird eine sog. Gesamtstrafe gebildet, indem die höchste bzw. schwerste Einzelstrafe (sog. Einsatzstrafe) schuldangemessen erhöht wird. Die Gesamtstrafe darf dabei die Summe der Einzelstrafen nicht erreichen. In der Praxis unterschreitet die Gesamtstrafe die Summe der einzelnen Strafen häufig sogar erheblich.

> **Beispiel:**
> Nach erheblichem Alkoholgenuss hat der (einschlägig vorbestrafte) Angeklagte eine Schlägerei angefangen, dabei mehrere Personen verletzt (Körperverletzung, § 223 StGB), sich danach an das Steuer seines Autos gesetzt, einen Unfall verursacht (Gefährdung des Straßenverkehrs, § 315c StGB) und sich dann vom Unfallort entfernt (unerlaubtes Entfernen vom Unfallort, § 142 StGB). Als Strafen setzt das Gericht Freiheitsstrafen von 6 Monaten für die Körperverletzung, 2 Monaten für die Straßenverkehrsgefährdung und 4 Monaten für die Verkehrsunfallflucht fest. Die Gesamtstrafe wird durch Erhöhung der Einsatzstrafe von 6 Monaten gebildet (also mindestens 6 Monate 1 Woche); die Gesamtstrafe darf aber die Summe aller Einzelstrafen (= 12 Monate) nicht erreichen (also höchstens 11 Monate 3 Wochen). In diesem Korridor zwischen der Untergrenze von 6 Monaten 1 Woche und der Obergrenze von 11 Monaten 3 Wochen muss die schuldangemessene Strafe durch erneute Abwägung der schulderhöhenden und -mindernden Umstände gefunden werden.

Die Gesamtstrafe darf die Höchststrafe einer einzelnen Tat überschreiten. So beträgt z. B. die Höchststrafe für einen <u>einzelnen</u> einfachen Diebstahl 5 Jahre. Werden für 20 Diebstähle jeweils 6 Monate Freiheitsstrafe verhängt, liegt die höchste zulässige Gesamtstrafe bei 11 Jahren und 11 Monaten.

Die absolute zeitliche Höchststrafe beträgt 15 Jahre und darf auch durch eine Gesamtstrafe nicht überschritten werden, selbst wenn die höchste Einzelstrafe (= Einsatzstrafe) bereits 15 Jahre beträgt. Auch eine lebenslange Freiheitsstrafe kann nicht mehr erhöht werden (§ 54 Abs. 1 Satz 1 StGB). „Zweimal Lebenslänglich“ ist in Deutschland also nicht möglich.

Die Gesamtstrafe bezweckt nicht, dass jemand für viele Taten „Rabatt“ erhält. Grundlage der Strafzumessung ist weiterhin die Schuld des Täters. Bricht jemand drei Autos auf, ist seine Schuld zwar höher, als wenn er nur ein Auto aufgebrochen hätte, aber eben nicht dreimal so hoch. Die Strafzumessung widersetzt sich einer solchen Mathematisierung. Durch die Grenzen der höchsten Einzelstrafe und der Summe aller Strafen wird lediglich ein neuer gesetzlicher Strafrahmen gebildet, innerhalb dessen das Gericht erneut alle für und gegen den Angeklagten sprechenden Umstände (Schritt 2 der Strafzumessung) bewerten und die Prognose über die Auswirkungen der Strafe auf den Verurteilten (Schritt 3 der Strafzumessung) treffen muss.

G.4 Die Bemessung der Geldstrafe

Der gesetzliche Rahmen der Geldstrafe (siehe B.4) ist immer gleich, nämlich von 5 bis 360 Tagessätzen für die einzelne Tat, bis zu 720 Tagessätzen bei der Gesamtstrafe für mehrere Taten. Der Strafrahmen wird danach mit den einzelnen Merkmalen zur Schuld (§ 46 Abs. 2 StGB) ausgefüllt. Eine Strafrahmenverschiebung ist lediglich bei der Strafmilderung nach § 49 Abs. 1 StGB vorgesehen; dadurch verringert sich die höchste zulässige Geldstrafe auf drei Viertel der angedrohten Höchststrafe, also von 360 auf 270 Tagessätze. Sieht das Gesetz eine Strafmilderung nach § 49 Abs. 2 StGB vor, kann das Gericht anstelle einer Freiheitsstrafe auch dann auf Geldstrafe erkennen, wenn diese in dem angewendeten Strafgesetz nicht vorgesehen ist.

Bei der Festsetzung der Geldstrafe sind einige Grenzen von Bedeutung:

- Bei einer Geldstrafe von nicht mehr als 15 Tagessätzen ist die Berufung gegen das Urteil nur zulässig, wenn sie vom Berufungsgericht angenommen wird.
- Im Falle des Freispruchs ist, wenn der Staatsanwalt in der Hauptverhandlung eine Geldstrafe von nicht mehr als 30 Tagessätzen beantragt hat, die Berufung nur zulässig, wenn das Berufungsgericht die Berufung annimmt.
- Eine Geldstrafe von nicht mehr als 90 Tagessätzen wird (wenn es die einzige Verurteilung ist) nicht in ein polizeiliches Führungszeugnis aufgenommen.
- Bis zu einer (möglichen) Geldstrafe von 180 Tagessätzen ist eine Verwarnung mit Strafvorbehalt möglich.

Wichtig ist die richtige **Ermittlung der wirtschaftlichen Verhältnisse** des Angeklagten. Gibt er sein Einkommen nicht oder nicht richtig an, kann es geschätzt werden. Das Vermögen (z. B. Haus- oder Wohnungseigentum) wird nur berücksichtigt, wenn der Angeklagte hieraus regelmäßige Einkünfte bezieht. Schulden können vom Einkommen abgezogen werden, es sei denn, den Verbindlichkeiten steht ein konkretes Vermögen gegenüber (z. B. die Hypothekentilgungen decken den Erwerb der Immobilie ab). Ansonsten hat das Gericht einen Spielraum bei der Berechnung des Nettoeinkommens, indem es z. B. Aufwendungen für Krankheiten abzieht. Unterhaltspflichten für Ehefrau, Kinder oder Lebenspartner mindern das Nettoeinkommen ebenfalls.

Insbesondere Angeklagte mit eher geringem Einkommen neigen dazu, ihre finanzielle Situation besser darzustellen, als sie tatsächlich ist. Der Ansatz eines zu hohen Einkommens hat fatale Folgen, wenn anschließend die Geldstrafe nicht bezahlt werden kann. In vielen Fällen beruht die Anordnung der **Ersatzfreiheitsstrafe** darauf, dass in der Hauptverhandlung die wirtschaftlichen Verhältnisse des Angeklagten nicht sorgfältig ermittelt wurden (siehe B.4).

G.5 Geldstrafe neben Freiheitsstrafe

Werden für einzelne Taten mehrere Freiheitsstrafen und eine Geldstrafe festgesetzt, bestehen für das Gericht zwei Möglichkeiten. Es kann die Geldstrafe in Freiheitsstrafe umrechnen (wobei 1 Tagessatz Geldstrafe 1 Tag Freiheitsstrafe entspricht) und daraus eine Gesamtfreiheitsstrafe bilden. Es kann aber auch die Geldstrafe neben der (Gesamt-)Freiheitsstrafe bestehen lassen, wenn der Angeklagte sich durch seine Tat bereichert hat und seine persönlichen und wirtschaftlichen Verhältnisse dies nahelegen (§ 41 StGB).

G.6 Anrechnung vorläufiger Freiheitsentziehung und Maßregeln

Untersuchungshaft oder anderer Freiheitsentzug vor der Hauptverhandlung sind auf die erkannte Freiheits- oder Geldstrafe anzurechnen (§ 51 StGB). Allerdings kann das Gericht von der Anrechnung (ganz oder zum Teil) absehen, wenn diese im Hinblick auf das Verhalten des Angeklagten (nach der Tat) nicht gerechtfertigt ist, z. B. wenn der Angeklagte das Verfahren bewusst verschleppt hat, um sich so lange wie möglich in U-Haft zu halten und nicht in den Strafvollzug zu kommen. Die Nichtanrechnung hat aber Ausnahmecharakter und muss vom Gericht sorgfältig begründet werden. Ebenso können (in EU-Staaten „müssen") ausländische vollstreckte Strafen angerechnet werden, wenn der Angeklagte wegen derselben Tat in Deutschland verurteilt wird. Wird Freiheitsentziehung auf Geldstrafe angerechnet, entspricht 1 Tagessatz 1 Tag Freiheitsstrafe. Auch vorläufige Maßregeln sind zu berücksichtigen. Die vorläufige Entziehung der Fahrerlaubnis wird im Urteil bei der Anordnung der Sperrfrist für den Wiedererwerb einer Fahrerlaubnis berücksichtigt. Die Dauer eines vorläufigen Berufsverbotes wird in gleicher Weise bei der Festsetzung der Verbotsfrist für die Ausübung des Berufes berücksichtigt.

G.7 Weitere Entscheidungen

Freiheitsstrafen bis zu 2 Jahren können zur **Bewährung** ausgesetzt werden (§ 56 Abs. 2 StGB). Bedeutung haben dabei Auflagen, Weisungen oder die Beiordnung eines Bewährungshelfers, da hiermit auf die künftige Lebensführung des Verurteilten steuernd eingewirkt werden kann.

Eine Freiheitsstrafe bis zu 6 Monaten soll regelmäßig zur Bewährung ausgesetzt werden, wenn nicht die Verteidigung der Rechtsordnung eine Vollstreckung der Strafe gebietet. Bei Freiheitsstrafen von nicht mehr als 1 Jahr wird die Vollstreckung zur Bewährung ausgesetzt, wenn zu erwarten ist, dass sich der Verurteilte allein die Verurteilung zur Warnung gereichen lässt und auch ohne Vollstreckung keine Straftaten mehr begehen wird. Zur Beurteilung zieht das Gericht vor allem die Persönlichkeit des Angeklagten, sein Vorleben, die Umstände der Tat, seine Lebensverhältnisse und die möglichen Auswirkungen der Aussetzung heran. Soll eine Freiheitsstrafe bis zu 2 Jahren zur Bewährung ausgesetzt werden, müssen zusätzlich zu der günstigen Prognose besondere Umstände nach der Gesamtwürdigung von Tat und Persönlichkeit des Verurteilten vorliegen. „Besondere Umstände" sind z. B. Bemühungen, den verursachten Schaden wieder gutzumachen, Aufklärungshilfe bei Drogendelikten (§ 31 BtMG), die Einsichtsfähigkeit in die Schuld, Stabilisierung der Lebensverhältnisse oder erlittene berufliche Nachteile.

Neben Geld- und Freiheitsstrafe können auch Maßregeln der Besserung und Sicherung (siehe B.6) sowie Nebenstrafen und Nebenfolgen (siehe B.7) angeordnet werden.

G.8 Kosten und notwendige Auslagen

Das Urteil muss eine Entscheidung darüber treffen, wer die Kosten des Verfahrens (§ 464 Abs. 1 StPO) und die notwendigen Auslagen trägt. Verfahrenskosten sind die Gebühren und Auslagen der Staatskasse. Dazu gehören auch die Vergütungen für einen Pflichtverteidiger. Die Kosten des Verfahrens haben die Angeklagten im Umfang ihrer Verurteilung zu tragen. Dazu können auch Gebühren gehören, die durch die Tätigkeit anderer Behörden entstanden sind (z. B. für ein Gutachten über den Blutalkoholgehalt). Dolmetscherkosten werden dem Angeklagten, der die deutsche Sprache nicht beherrscht, oder einem Taubstummen, der auf einen Gebärdendolmetscher angewiesen ist, nicht in Rechnung gestellt. Diese Regelung (§ 464c StPO) gehört zum Grundsatz des fairen Verfahrens, da die Hauptverhandlung immer in deutscher Sprache stattfindet und der Angeklagte alles verstehen und selbst zu verstehen sein muss. Keine erstattungsfähigen Kosten stellen die Aufwendungen für die Schöffen dar. Diese gehören zur sog. Justizgewährungspflicht und sind aus den allgemeinen Haushaltsmitteln des Landes zu bestreiten.

Die notwendigen Auslagen (Kosten für den Wahlverteidiger, Verdienstausfall und Fahrtkosten) hat der Angeklagte im Falle seiner Verurteilung selbst zu tragen. Erfolgt ein Freispruch, fallen die Kosten und die notwendigen Auslagen der Staatskasse zur Last. Von der Erstattung der notwendigen Auslagen nach einem Freispruch wird abgesehen (§ 467 Abs. 2, 3 StPO), wenn

- dem Angeklagten durch schuldhafte Säumnis Auslagen entstanden sind;
- der Angeklagte die Anklage verursacht hat, indem er mit einer Selbstanzeige vortäuschte, die Tat begangen zu haben, oder durch wahrheitswidrige Erklärungen sich selbst belastet bzw. entlastende Umstände verschwiegen hat;
- der Angeklagte nur deswegen nicht verurteilt wird, weil ein Prozesshindernis besteht.

Praxistipps

➢ Für die Schöffen gilt die Kontrollfrage: „Ist das, was beschlossen werden soll, gerecht?" Jeder hat eine Vorstellung darüber, ob die Strafe dem Angeklagten nach seinem Gesamterscheinungsbild gerecht wird, ob Härte oder Milde angemessen ist. Die Frage, ob dem Angeklagten (sowie dem Verletzten und der Gesellschaft) Gerechtigkeit widerfährt, muss jeder Schöffe für sich verantworten.

- Schöffen dürfen ihren Prognosen zur individuellen Strafempfindlichkeit des Angeklagten nur die Tatsachen zugrunde legen, die in der Hauptverhandlung festgestellt worden sind.
- Über Auflagen und Weisungen (bei Einstellung nach § 153a StPO oder Strafaussetzung zur Bewährung) entscheiden die Schöffen mit und können sich kreativ mit eigenen Vorschlägen einbringen.
- Soweit die Zahlung einer Geldauflage an eine gemeinnützige Organisation oder die Leistung sozialer Arbeit beschlossen wird, können die Schöffen geeignete Organisationen vorschlagen.
- Die Schöffen werden die einzelnen Auswirkungen der Strafe, die teilweise in anderen Rechtsgebieten geregelt sind, größtenteils nicht kennen. Wird eine bestimmte Strafhöhe diskutiert, sollten sie fragen, welche weiteren Folgen die Strafe für den Angeklagten haben kann.

Ein praktischer Fall

Nach dem Ergebnis der Beweisaufnahme ergibt sich folgender ***Sachverhalt:*** *Die Angeklagte vermutet seit langer Zeit, dass sich ihr Mann einer anderen Frau zugewandt hat, da er häufiger spät nach Hause kommt. In zunehmendem Maße versucht sie, ihren Kummer zu „ertränken“. Am Tattag hat sie in erheblichem Umfang Alkohol zu sich genommen. Nach etlichen Gläsern Wodka Feige und Eierlikör ergibt sich eine Blutalkoholkonzentration auf den späteren Tatzeitpunkt von 1,85 ‰. Als ihr Mann wieder spätabends heimkommt, hat sie sich in eine erhebliche Wut hineingesteigert, weil sie ihn bei der anderen Frau vermutet hat. Sie macht ihm erhebliche Vorwürfe. In dem anschließenden Streit, der immer heftiger wird, verliert sie endgültig die Nerven, greift zu einem zufällig auf dem Küchentisch liegenden Messer und sticht blindlings mehrfach auf ihren Ehemann ein. Dabei war es ihr völlig egal, wie sie in der Hauptverhandlung aussagte, ob ihr Mann dabei „draufging“. Trotz erheblichen Blutverlustes gelang es dem Mann, über sein Mobiltelefon den Notarzt anzurufen. Durch eine schnell durchgeführte Operation konnte er gerettet werden.*

Wie findet die Kammer die richtige Strafe?

Der Beispielsfall soll deutlich machen, dass die Strafzumessung kein irrationaler Vorgang ist, sondern eine rationale Grundlage hat. Insbesondere auf der ersten Stufe ist der gesetzliche Strafrahmen bei Vorliegen der Voraussetzungen ein mathematisierter Vorgang, da Ober- und Untergrenze berechnet werden müssen. Gleichwohl wird am Ende der Beratung immer die Frage stehen, welche Strafe unter Würdigung <u>aller</u> Umstände die „angemessene“ ist. Hier fließen viele Wertungen und Auffassungen ein, für die es bei unterschiedlichen Auffassungen das Abstimmungssystem mit dem Erfordernis der Zwei-Drittel-Mehrheit gibt.

Die Schwurgerichtskammer muss zunächst entscheiden, welchen Straftatbestand die Frau verwirklicht hat. Auf der **ersten Stufe** ist damit der von der Strafnorm bestimmte

gesetzliche Strafrahmen zu ermitteln, der die in Betracht kommende Strafe nach oben und unten begrenzt. In unserem Fall kommen Mord (§ 211 StGB) bzw. Totschlag (§ 212 StGB) in Betracht. Der Unterschied zwischen diesen beiden Tötungsdelikten besteht darin, dass der Totschlag allein die vorsätzliche Tötung eines Menschen voraussetzt, während beim Mord besondere Merkmale in Bezug auf Motiv oder Ausführung der Tötung vorliegen müssen. § 211 StGB zählt einige konkrete Beispiele auf (Habgier, Befriedigung des Geschlechtstriebes usw.) und ein allgemeines unbestimmtes Merkmal des „sonstigen niedrigen Beweggrundes". Damit hat der Gesetzgeber eine Auffangmöglichkeit geschaffen, weil er nicht alle denkbaren Motive oder Handlungen eines Täters vorhersehen kann. Dieser „sonstige" Grund, einen Menschen zu töten, muss aber in seiner Schwere und Zielrichtung den aufgezählten Beispielen entsprechen. Da keines der konkreten Beispiele auf die Handlung der Frau zutrifft, könnte als „sonstiger niedriger Beweggrund" eine Tötung aus „Eifersucht" in Frage kommen. Nach der höchstrichterlichen Rechtsprechung ist Eifersucht in aller Regel kein niedriger Beweggrund. Dies muss das Tatgericht aber anhand der Umstände des Einzelfalles entscheiden. Nimmt die Kammer einen Mord an, ist die Strafe (wenn nicht außergewöhnliche Umstände vorliegen) zwingend lebenslange Freiheitsstrafe; folgt sie der herrschenden Rechtsprechung, eröffnet der Tatbestand des Totschlages (§ 212 StGB) einen Strafrahmen von 5 bis 15 Jahren, wenn es sich nicht aufgrund der Feststellungen in der Beweisaufnahme um einen besonders schweren (§ 212 Abs. 2 StGB, dann lebenslange Freiheitsstrafe) oder um einen minder schweren Fall (§ 213 StGB, Freiheitsstrafe von 1 Jahr bis 10 Jahren) handelt. Die Kammer könnte z. B. darüber beraten, ob aufgrund der Umstände (alkoholische Beeinflussung, „Grund" zur Eifersucht, Behandlung der Frau durch den Mann) ein minder schwerer Fall vorliegt. Verwendet das Gericht die Umstände (Alkohol, Eifersucht) zur Annahme eines minder schweren Falles, darf es diese bei der Abwägung auf der zweiten Stufe nicht noch einmal strafmindernd verwerten (Doppelverwertungsverbot).

Wenn die Kammer auf einen „Normalfall" des Totschlages entscheidet, muss sie prüfen, ob sich der Rahmen aufgrund gesetzlicher Vorgaben verschiebt. Da der Mann überlebt hat, handelt es sich nur um den Versuch eines Totschlages. Ist eine Tat nicht vollendet, sondern nur versucht worden, kann das Gericht die Strafe mildern (§ 23 Abs. 2 StGB). Ob es mildert, muss das Gericht beraten und entscheiden. Die Berechnungsgrundlage für eine solche Milderung ist gesetzlich geregelt (§ 49 StGB). Wird die Milderung bejaht, verschiebt sich der Strafrahmen im Mindestmaß von 5 auf 2 Jahre, im Höchstmaß auf drei Viertel des gesetzlichen Höchstmaßes von 15 Jahren, also auf 11 Jahre 3 Monate.

Diese Strafrahmenverschiebung wird für jeden Strafmilderungsgrund gesondert vorgenommen. Als nächste Entscheidung steht an, ob wegen der alkoholischen Beeinflussung im Zusammenhang mit der Erregung, in die sich die Frau im Laufe der Auseinandersetzung hineingesteigert hat, eine Schuldunfähigkeit oder verminderte Schuldfähigkeit eingetreten ist. In Betracht käme hier eine Verminderung der Steuerungsfähigkeit, d. h. eine Verminderung der Fähigkeit, im Zeitpunkt der Tat nach der Einsicht zu handeln, dass die Tötung ein verbotenes Tun darstellt. Nimmt die Kammer eine solche verminderte Schuldfähigkeit an, kann sich der Schuldrahmen erneut nach den Regeln des § 49 StGB verschieben. Die Mindeststrafe beträgt dann statt 2 Jahren nur noch 6 Monate; die Höchststrafe reduziert sich erneut auf drei Viertel der bisherigen Höchststrafe, also auf 8 Jahre 4 $\frac{3}{4}$ Monate. Da Freiheitsstrafen von mehr als 1 Jahr in vollen Jahren und Monaten bemessen werden, beträgt die Höchststrafe somit 8 Jahre 4 Monate (§ 39 StGB). Der nach diesen Verschiebungen sich ergebende Strafrahmen ist der gesetzliche Strafrahmen, der auf der ersten Stufe der Beratung festzulegen war.

Auf der **zweiten Stufe** wägt das Gericht die Umstände ab, die für die **Schuld** der Täterin wichtig sind (§ 46 Abs. 1 StGB). Die Kriterien, die das Maß der Schuld prägen, sind in einem gesetzlichen Katalog (§ 46 Abs. 2 StGB) beispielhaft, aber nicht abschließend geregelt. Anhand dieser Merkmale wird die Strafe in den oberen, mittleren oder unteren Bereich des Strafrahmens verschoben. Dabei stellt die Höchststrafe die Reaktion auf den denkbar schwersten Fall dieser Strafnorm dar. Ob ein bestimmter Umstand sich straferschwerend oder strafmindernd auswirkt, kann im Einzelfall streitig und auch von Fall zu Fall unterschiedlich gewertet werden. So kann sich die Tatsache, dass die Angeklagte sich ohne Grund in die Eifersucht gesteigert hat, strafschärfend auswirken; eine begründete Eifersucht könnte sich evtl. (muss aber nicht) strafmindernd auswirken. Auch hier gilt, dass das Gericht jeden Einzelfall aus den Umständen dieses Falles heraus entscheidet. Kein Umstand darf für die Bemessung der Schuld benutzt werden, der bereits bei der Berechnung des gesetzlichen Strafrahmens zur Begründung herangezogen wurde. Das Gericht stellt alle Gründe, die für eine höhere Strafe sprechen (z. B. eigene Untreue der Frau, Provokation gegenüber dem Mann), den strafmildernden Gründen gegenüber (demütigende Behandlung durch den Mann, psychische Labilität) und schiebt auf der Achse zwischen 6 Monaten im Minimum und höchstens 8 Jahren 5 Monaten die schuldangemessene Strafe mehr in den oberen oder unteren Bereich des Rahmens.

Auf der **dritten Stufe** muss das Gericht eine **Prognose** stellen, welche Wirkungen von der Strafe auf das künftige Leben der Angeklagten in der Gesellschaft ausgehen. Hier wird man auch darüber beraten müssen, welchem Zweck die Strafe dienen soll und wie die Angeklagte dieses Ziel erreichen kann. Die Strafe soll der Resozialisierung der Angeklagten dienen, Wirkung sowohl auf die Angeklagte als auch auf die Gesellschaft haben (d. h. es müssen sowohl spezial- wie generalpräventive Momente berücksichtigt werden), als auch einem gewissen Sühnegedanken Rechnung tragen. Das Gericht nimmt noch einmal eine Korrektur der auf der zweiten Stufe gefundenen Strafe vor allem im Hinblick darauf vor, ob die Angeklagte besonders strafempfindlich ist (und früher das Ziel erreicht, künftig ein straffreies Leben zu führen) oder sich eher hartleibig und uneinsichtig gibt.

Teil H Verständigung über Ablauf und Ergebnis der Hauptverhandlung

Die Verständigung (Absprache, Deal) ist durch gesetzliche Regelung fester Bestandteil des Gerichtsalltags geworden. Teil H befasst sich damit, inwieweit die Verständigung zwischen Gericht, Staatsanwalt und Verteidiger von einer konventionellen Hauptverhandlung abweicht – und gleichwohl die rechtsstaatlichen Garantien gewahrt werden müssen.

H.1 Systematische Einordnung der Verständigung

In fast jedem Seminar erzählen Schöffen von Situationen, in denen sie sich von den Berufsrichtern überfahren fühlten. Im Wesentlichen werden drei Grundmuster geschildert:

- Der Vorsitzende kommt vor der Verhandlung in das Beratungszimmer und erklärt, dass der anstehende Fall besonders kompliziert und langwierig sei. Die Schöffen mögen sich aber keine Sorgen machen; er habe die Sache bereits mit der Staatsanwaltschaft und der Verteidigung geklärt und man werde relativ schnell die Sache beendet haben.
- Im Laufe der Verhandlung bittet der Vorsitzende die Schöffen, den Saal kurz zu verlassen. Staatsanwaltschaft, Verteidigung und Berufsrichter hätten „etwas Juristisches" miteinander zu besprechen. Man würde sie danach wieder hereinbitten.
- Während der Verhandlung werden die Schöffen das Gefühl nicht los, dass nicht alles erörtert wird, was zur Beurteilung des Falles benötigt wird. Gleichwohl kommen die Berufsrichter zu einem Urteilsvorschlag, dem sich die Schöffen dann (wohl oder übel) anschließen.

Alle Varianten betreffen Verhaltensweisen, die schlicht und ergreifend rechtswidrig sind. Die Beobachtungen werden in der rechtwissenschaftlichen Literatur und der Rechtsprechung bestätigt. Der (jetzige) Vorsitzende Richter am BGH *Fischer* hat in der Zeitschrift „Strafverteidiger Forum" schon 2009 der strafrechtlichen Praxis vorgeworfen, sich in weitem Umfang nicht an die gesetzlichen Vorgaben zu halten.[21] *Nobis* wirft den Tatsachengerichten vor, die tragenden Prinzipien des Strafverfahrensrechts auszuhöhlen.[22]

---

21 *Thomas Fischer*, Absprache-Regelung: Problemlösung oder Problem?, StraFo 2009, S. 177.

22 *Frank Nobis*, Strafverteidigung vor dem Amtsgericht, München 2011, S. 96 Rn. 92.

Die Verständigung kommt aus dem angloamerikanischen Strafprozess, der aber ein Parteiprozess ist, in dem sich die Parteien „Anklage" und „Verteidigung" über Verfahren und Ausgang des Prozesses verständigen können. Dem deutschen Strafprozess, in dem die gerichtliche Aufklärungspflicht oberste Maxime ist, ist eine solche Verständigung im Grundsatz fremd. Ausgangspunkt für Verständigungen in deutschen Strafverfahren waren Fälle von Gewalt- und Sexualstraftaten, in denen man den geschädigten Frauen oder Kindern ersparen wollte, als Zeugen in der Hauptverhandlung vernommen zu werden und ihre Tat während der Einvernahme noch einmal durchleben zu müssen. Ein Angeklagter, der durch ein Geständnis die Vernehmung dieser Zeugen überflüssig machte, sollte auf eine Strafmilderung rechnen können. Rechtliche Grundlage hierfür ist § 46 Abs. 2 StGB, wonach „das Verhalten nach der Tat" Einfluss auf die Höhe der Strafe haben soll. In welchem Umfang das Geständnis strafmildernd wirkt, machte das Gericht vorab deutlich, sodass der Angeklagte abschätzen konnte, worauf er sich einließ. Von hier aus entwickelte sich eine Dynamik auch auf andere Verfahren, in denen das Gericht für ein Geständnis schon vorab einen bestimmten Strafnachlass signalisierte. Von dieser noch nachvollziehbaren Konstellation, die den Angeklagten sicher machte, in welchem Umfang ein Gericht sein geständiges Verhalten berücksichtigen würde, war es dann in der Praxis nur noch ein kleiner Schritt zu

- den Verteidigern, die ein schwieriges und umfangreiches Verteidigerverhalten ankündigten für den Fall, dass das Gericht nicht in eine Verhandlung über die Strafe eintreten würde (sog. Konfliktverteidigung);
- dem Gericht, das harte Sanktionen androhte für den Fall, dass der Angeklagte sich nicht zu einem Geständnis (und damit zu einer verkürzten Beweisaufnahme) bereit erklären wollte (sog. Sanktionsschere).

Beide Verhaltensweisen dürfen getrost zu den Entartungserscheinungen des deutschen Strafprozesses gerechnet werden. Jahrelang hat der BGH versucht, diese vom Gesetz nicht vorgesehene, in der Praxis aber nicht mehr zu verhindernde Verhaltensweise durch die Entwicklung von Regeln in halbwegs rechtsstaatliches Fahrwasser zu steuern. Erst auf massiven Hinweis des obersten Gerichts in Strafsachen hat der Bundesgesetzgeber 2008 verbindliche Regeln aufgestellt. Große Teile der Praxis ignorieren diese gesetzlichen Regelungen auch weiterhin. Schöffen sind hiervon in besonderer Weise betroffen. Diese Feststellung hat auch das BVerfG in seinem Urteil zur Zulässigkeit der Verständigung gemacht.[23]

H.2 Gesetzliche Regelung der Verständigung

Für die Hauptverhandlung ist die Verständigung in § 257c StPO geregelt. Mit dieser Vorschrift hat der Gesetzgeber der Absprache einen festen Rahmen gegeben, der sich an der Rechtsprechung des BGH orientiert. Damit bleibt die Verständigung immer

23 BVerfG, Urteil vom 19.03.2013, Az.: 2 BvR 2628/10, 2 BvR 2883/10, 2 BvR 2155/11, RohR 2013, S. 25.

noch systemfremd, aber die Schöffen haben eine herausragende Aufgabe, für Prozesshygiene zu sorgen. Gerade weil sie keine Aktenkenntnis haben, gleichwohl aber genau wie die Berufsrichter über Schuld und Strafe zu befinden haben, müssen und können sie auf die Einhaltung der elementaren Grundsätze des Strafverfahrens achten. Ob ihre Rechte und Pflichten zur gleichberechtigten Mitwirkung gewahrt werden, hängt davon ab, wie ernst die Schöffen ihre Verantwortung nehmen.

H.2.1 Zulässige und unzulässige Gegenstände der Verständigung

Die Verfahrensbeteiligten und das Gericht verständigen sich über den „weiteren Fortgang des Verfahrens" sowie über die „Rechtsfolgen". Das Gericht kann aber nur das vorschlagen und vereinbaren, wofür es zuständig ist und keine gesetzlichen Bindungen bestehen.

(a) Mit der Verständigung über den **Fortgang des Verfahrens** ist nicht gemeint, dass die Beteiligten sich über den Ablauf der Verhandlung ggf. abweichend von der StPO einigen können. Sie machen lediglich ihr Prozessverhalten (Stellen oder Nichtstellen von Beweisanträgen durch Verteidigung und Staatsanwaltschaft) und die verfahrensbezogenen Maßnahmen (auf Seiten des Gerichts) zum Gegenstand der Verständigung. Für das Gericht engt das Gesetz den Spielraum für bindende Zusagen ein. Die verfassungsrechtlich garantierte Bindung der Richter an Recht und Gesetz kann nicht aufgehoben oder eingeschränkt werden. Damit beschränkt sich die Verständigungs„fähigkeit" des Gerichts auf die Maßnahmen, in denen es einen Ermessensspielraum hat. Als Faustformel für die Schöffen kann dabei gelten, dass alle Maßnahmen vereinbart werden können, in denen das Gesetz davon spricht, dass das Gericht etwas tun „kann". Wenn das Gericht nach dem Gesetz etwas zu tun „hat" oder die Formulierung „ist zu" benutzt wird, kommt eine Verständigung nicht in Betracht, da das Gericht dann zu der Maßnahme verpflichtet ist, sobald die Voraussetzungen dafür vorliegen. Über den „Fortgang des Verfahrens" sind Verständigungen möglich, z. B. zu Terminierung, Urlaub für den Angeklagten oder dessen Entbindung vom Erscheinen in der Hauptverhandlung, Verbindung mehrerer Strafverfahren, Form der Beweiserhebung (z. B. durch Videovernehmung weit entfernt wohnender Zeugen) und deren Umfang, ohne dass auf eine Beweisaufnahme ganz verzichtet werden kann.

Auf der Seite des Angeklagten bestehen in diesem Bereich erheblich größere Spielräume. Er kann auf die Stellung von Beweisanträgen verzichten (weil er ohnehin ein Geständnis ablegen will), der Verlesung von Protokollen oder dem Selbstleseverfahren zustimmen, von Befangenheitsanträgen Abstand nehmen usw. Die Staatsanwaltschaft hat in ähnlichem Umfang wie der Angeklagte die Möglichkeit, gestaltende Absprachen zu treffen. Allerdings ist auch sie daran gebunden, nur solche Verständigungen zu treffen, die in ihren jeweiligen Zuständigkeitsbereich fallen; über die grundlegenden Prinzipien des Strafverfahrens kann nicht verfügt werden.

(b) Die Verständigung über das **Ergebnis des Verfahrens** betrifft das Urteil mit den dazugehörigen Beschlüssen (Bewährungsauflagen, Haftfortdauer usw.). Die wichtigste Rechtsfolge, über die man sich verständigen kann, ist die zu verhängende Strafe. Das Gericht nennt eine Ober- und eine Untergrenze der in Betracht kommenden Strafe, innerhalb derer es sich unter Berücksichtigung des Geständnisses und des weiteren Ergebnisses der Beweisaufnahme bewegen wird. Die Zusicherung einer punktgenauen Strafe ist unzulässig. Ober- und Untergrenzen, die lediglich um 1 Monat differieren, dürften als Umgehung dieses Verbots zu werten sein.

Ein Problem entsteht in der Praxis, wenn das Gericht sein „Angebot" damit verbindet, dass es deutlich macht, beim Ausbleiben eines Geständnisses eine exorbitant hohe Strafe zu verhängen (Ober- und Untergrenze fallen unverhältnismäßig weit auseinander, sog. **Sanktionsschere**). Der Angeklagte ist in einem solchen Fall kaum noch frei in seiner Entscheidung und legt manchmal lieber ein falsches Geständnis ab, als das Risiko einer hohen Strafe einzugehen. So ausschlaggebend für die Höhe einer Strafe (bzw. deren Milderung) kann kein Geständnis sein, als dass es die in Aussicht gestellte Strafe um die Hälfte verringern könnte. Strafverteidiger sprechen daher auch ganz unverhohlen von Aussageerpressung durch das Gericht.

Schöffen haben zu Beginn der Hauptverhandlung kaum einen Anhaltspunkt, an dem sie sich bei der Abstimmung über das Angebot orientieren können. Ihnen steht häufig nur die Auskunft der Berufsrichter, ggf. noch die Verlesung der Anklage zur Verfügung.

Krassester Fall in der Praxis war ein Verfahren, das der Entscheidung des BGH vom 14.04.2011 zugrunde liegt. Dort blieben den beiden Schöffen als Erkenntnisquelle die Verlesung der Anklage sowie eine 10-minütige Beratung in der Strafkammer, um mehr als 140 Taten von fünf Angeklagten in wechselnder Tatbeteiligung zu erfassen und zu bewerten. Darüber hinaus war in dieser Zeit noch eine Gesamtstrafe unter Einbeziehung mehrerer früherer Verurteilungen zu bilden. Dass der 4. Senat des BGH diese Praxis abgesegnet hat, stellt jahrelange Bemühungen dieses Gerichts, die Tatgerichte zu rechtsstaatlichem Verhalten anzuhalten, wieder in Frage.[24]

(c) Das Gericht darf keine Verständigung eingehen, wenn es für die Frage nicht zuständig ist oder das Gesetz ihm eine eigene Entscheidung zwingend auferlegt. Es ist unzulässig, Zusagen über Verfahren zu machen, die bei einem anderen Gericht anhängig sind oder über Maßnahmen, die erst bei der Vollstreckung des Urteils getroffen werden (z. B. eine Zusage über die Aussetzung der Reststrafe zur Bewährung nach der Hälfte oder zwei Dritteln der verbüßten Strafe). Auch den Strafvollzug kann das erkennende Gericht nicht beeinflussen. Es dürfen keine Vereinbarungen über Fragen getroffen werden, deren Vorliegen das Gericht anhand von gesetzlich bestimmten Voraussetzungen bejahen oder verneinen muss (Anwendbarkeit von Jugend- oder Erwachsenenstrafrecht, Anordnung der Sicherungsverwahrung usw.). Es dürfen mit der Absprache keine

24 BGH, Urteil vom 14.04.2011, Az.: 4 StR 571/10, RohR 2011, S. 102.

unzulässigen Zwecke verfolgt werden, die mit der angeklagten Tat nichts zu tun haben (z. B. dass der Angeklagte Steuern zahlt, die nicht von dem Verfahren umfasst sind, sondern sich noch im Verwaltungsverfahren beim Finanzamt befinden). Die Absprache darf keinen Rechtsmittelverzicht des Angeklagten beinhalten.

Es dürfen auch keine Absprachen über den Schuldvorwurf (d. h. über Merkmale der Tat, die dem Angeklagten zur Last gelegt wird) getroffen werden. Dem Angeklagten darf z. B. keine Zusage gemacht werden, dass das Gericht nicht von einer bandenmäßigen, sondern lediglich von einer alleinigen Begehung des Einbruchdiebstahls durch den Angeklagten ausgeht, um auf diese Weise den Strafrahmen dahingehend zu beeinflussen, dass nur noch ein einfacher und kein schwerer Diebstahl zur Debatte steht.

H.2.2 Zustandekommen der Verständigung

Die Verständigung kommt durch einen Vorschlag des Gerichts, der von Angeklagtem/ Verteidiger und Staatsanwalt angenommen wird, zustande.

(a) Bei dem **Vorschlag des Gerichts** handelt es sich um einen Beschluss des gesamten Spruchkörpers. Diesem gehen Beratung und Abstimmung voraus, an dem alle Mitglieder des Gerichts teilnehmen (müssen). Die Abstimmung erfolgt nach denselben Regeln wie bei der Urteilsfindung (§ 263 StPO). Da der Beschluss die Schuld des Angeklagten und die Rechtsfolgen betrifft, muss er mit Zwei-Drittel-Mehrheit gefasst werden. Das bedeutet, dass gegen die beiden Stimmen der Schöffen eine Verständigung nicht zustande kommt. Der Vorsitzende ist daher gut beraten, die Schöffen von vornherein einzubeziehen, weil er sich für den Fall, dass Verteidiger und Staatsanwalt sein Angebot akzeptieren, nicht aber die Schöffen, außerordentlich blamieren würde. Diese Regelung bedeutet auch, dass Vereinbarungen im Rahmen von Erörterungen im Vorfeld der Hauptverhandlung (§ 202a StPO) keine Verbindlichkeit haben.

(b) Dem Vorschlag des Gerichts müssen Angeklagter und Staatsanwaltschaft zustimmen. Nimmt eine der beiden Seiten den Vorschlag des Gerichts nicht an, sondern unterbreitet eigene Vorstellungen über Verfahren oder Ergebnis des Prozesses, ist der gerichtliche Vorschlag damit abgelehnt. Das Gericht kann sich über den Vorschlag des ablehnenden Beteiligten eine Meinung bilden und ggf. einen weiteren Vorschlag machen. Nehmen Staatsanwalt und Angeklagter den Vorschlag des Gerichts an, hängt es von dem Verhalten des Angeklagten ab, das gewollte Ergebnis auch tatsächlich herbeizuführen.

(c) Das Gericht kann auch andere Verfahrensbeteiligte zu der beabsichtigten Verständigung hören, z. B. den Nebenkläger(vertreter). Dessen Ablehnung hätte keinen zwingenden Einfluss auf die Verständigung, da er nicht notwendiger Beteiligter der Absprache ist. Vorschläge zur obligatorischen Beteiligung des Nebenklägers hat der Bundestag im Gesetzgebungsverfahren abgelehnt.

(d) Eine **Bindungswirkung** entfaltet die Verständigung nur für das Gericht, das diese Absprache vorgeschlagen hat. Spätere Gerichte, die den Fall verhandeln (Berufungs-, Revisions- oder Wiederaufnahmegericht) sind daran nicht gebunden. Auch für die Staatsanwaltschaft und den Angeklagten gibt es keine Bindungswirkung. Der Angeklagte kann sich jederzeit anders entscheiden mit der Folge, dass auch das Gericht von seiner Zusage frei wird. Das Gericht kann sich auch von einer Zusage wieder lösen, wenn es rechtlich oder tatsächlich bedeutsame Umstände übersehen hat oder wenn der Angeklagte sich nicht an seine Zusagen hält. Die Bindungswirkung entfällt nicht automatisch, sondern nur durch die Erklärung des Gerichts, sich nicht mehr an die Verständigung halten zu wollen. Dies muss es den Beteiligten – insbesondere dem Angeklagten – mitteilen. Das von dem Angeklagten ggf. bereits abgelegte Geständnis darf dann nicht verwertet werden; die Schuld des Angeklagten muss folglich mit den vorhandenen Beweismitteln nachgewiesen werden.

(e) Haben Kontakte zwischen Berufsrichtern, Staatsanwaltshaft und Verteidigung außerhalb der Hauptverhandlung stattgefunden, ist der Inhalt dieser Gespräche zu protokollieren und in der späteren Hauptverhandlung bekannt zu geben (§ 243 Abs. 4 StPO).

H.3 Grundsätze der Verständigung

These 1: Die Prinzipien des Strafprozesses werden nicht verändert

(a) Die Hauptverhandlung ist der Ort für eine bindende Verständigung.[25] Das Gesetz bestimmt in § 257c StPO ausdrücklich, dass das Gericht seine Vorstellung über eine Verständigung in **öffentlicher** Hauptverhandlung „bekannt gibt". Deshalb steht die zentrale Vorschrift über die Verständigung in dem Abschnitt über die Hauptverhandlung. Der Gesetzgeber wollte seinerzeit die zunehmende „Hinterzimmer-Verständigung" beenden und dem Öffentlichkeitsgrundsatz auch bei einer Verständigung Geltung verschaffen. Darauf hat das BVerfG in seiner Entscheidung noch einmal ausdrücklich hingewiesen. Kontakte vor der Hauptverhandlung zwischen Gericht, Staatsanwaltschaft und Verteidiger sind Erörterungen, keine Vereinbarungen.

(b) Das Urteil darf nur auf Umstände gestützt werden, die in der Hauptverhandlung vorgetragen worden sind. Das Urteil ist aus dem „Inbegriff der Hauptverhandlung" zu schöpfen (§ 261 StPO). Der Grundsatz der **Mündlichkeit** und **Unmittelbarkeit** gilt auch für die Verständigung. Zwar muss das Gericht eine gewisse Prognose aus der Aktenlage treffen, welche Strafe möglicherweise in Betracht kommt und in welchem Umfang sich ein Geständnis auf die Strafe auswirken kann. Da es sich hier um eine Prognose handelt, die erst noch verifiziert werden muss, wird deutlich, dass die Beweisaufnahme – insbesondere der persönliche Eindruck vom Angeklagten –

25 *Martin Niemöller/Reinhold Schlothauer/Hans-Joachim Weider*, Gesetz zur Verständigung im Strafverfahren, Kommentar, München 2010, S. 63 Rn. 13; *Frank Nobis*, Strafverteidigung vor dem Amtsgericht, München 2011, S. 96 Rn. 96.

nicht durch eine Verständigung ersetzt werden kann. Das Gericht kann deshalb nur einen Strafrahmen nennen, in dem es sich nach der Beweisaufnahme bewegen will. Insbesondere müssen die Schöffen hinreichend über die Tatsachen informiert werden, auf die das Gericht seine Überzeugung von dem Strafrahmen stützen will. Der Vorsitzende oder der Berichterstatter haben daher qualifiziert alle Umstände vorzutragen und die Fragen der Schöffen zu beantworten, damit diese sich ein unabhängiges Urteil über den Vorschlag machen können.

(c) Der **Amtsermittlungsgrundsatz** (§ 244 Abs. 2 StPO) wird weder durch die Verständigung noch durch ein Geständnis beeinträchtigt. Aus diesem Grund formuliert § 257c Abs. 1 Satz 2 StPO ausdrücklich: „§ 244 Abs. 1 Satz 2 (StPO) bleibt unberührt." Das Gericht ist auch bei einer Verständigung von der Ermittlung der Wahrheit von Amts wegen nicht entbunden. Die Verständigung wirkt sich nur auf den Umfang der Beweiserhebungen auf. Die Verteidigung verzichtet auf weitere Beweisanträge; das Gericht kann auf Beweiserhebungen verzichten, die nur indiziell sind oder die Glaubwürdigkeit von Zeugen betreffen. Im Kernbereich des Geschehens kann jedoch nicht auf eine Beweiserhebung verzichtet werden.

(d) Der Grundsatz **„Im Zweifel für den Angeklagten"** ergibt sich aus dem Grundsatz der freien Beweiswürdigung. Hat der Richter keine Gewissheit über das Vorliegen einer Tatsache, die den Angeklagten belastet, kann er seine Überzeugung nicht auf diese Tatsache stützen. Daher hat das Gericht die Glaubhaftigkeit des Geständnisses zu überprüfen. Es muss sich zumindest vergewissern, dass der Schuldvorwurf gerechtfertigt ist, das Geständnis nicht von anderen Taten ablenken oder ein Dritter mit dem Geständnis geschützt werden soll.

(e) Bei dem **Grundsatz des fairen Verfahrens** handelt es sich um einen aus dem Rechtsstaatsprinzip entwickelten Verfahrensgrundsatz, der in Art. 6 Abs. 1 Satz 1 EMRK seine rechtliche Regelung gefunden hat. Das Strafverfahren orientiert sich an den Prinzipien von Gerechtigkeit, Vernunft und Mäßigung der strafenden Gewalt des Staates. Der Grundsatz gebietet im Hinblick auf die Verständigung vor allem, dass der Angeklagte nicht unter Druck gesetzt wird, sich auf eine Verständigung einzulassen. Er ist dem Gericht nicht zum persönlichen Gefallen verpflichtet, die Beweisaufnahme zu vereinfachen. Wenn er ein Geständnis ablegt, kann er sich (wegen der Einsichtsfähigkeit) eine Strafmilderung verdienen; legt er kein Geständnis ab, ist dies kein Grund für eine Strafschärfung.

These 2: Die Stellung der Schöffen wird durch die Verständigung nicht beeinträchtigt

Schöffen üben während der Hauptverhandlung das Richteramt in vollem Umfang und mit gleichem Stimmrecht wie die Berufsrichter aus, sofern nicht gesetzlich eine Ausnahme bestimmt ist (§§ 30, 77 GVG). Sie wirken auch an den Entscheidungen mit, die nicht in Beziehung zu der Urteilsfällung stehen. Dieser Grundsatz ist durch die Regeln zur Verständigung nicht tangiert und schon gar nicht außer Kraft gesetzt. § 257c Abs. 1

StPO lautet: „Das Gericht kann sich in geeigneten Fällen mit den Verfahrensbeteiligten … verständigen." Ein Mitglied des Gerichts von der Mitwirkung und Entscheidung auszuschließen, ohne dass es dafür eine ausdrückliche Rechtsgrundlage gibt, ist rechtswidrig. Ein darauf beruhendes Urteil ist ebenfalls (mindestens) rechtswidrig. Richtigerweise wird man es sogar als nichtig bezeichnen müssen. Nichtig ist ein Urteil dann, wenn es „sich mit den Grundprinzipien unserer rechtsstaatlichen Staatsordnung in Widerspruch setzt" oder wenn es Mängel aufweist, „bei denen die Aufrechterhaltung des Urteils der Autorität des Rechtes und der Rechtspflege mehr Abbruch täte als die Anerkennung der Nichtigkeit". Das ist so ziemlich das schwerste Geschütz, das man gegen die Wirksamkeit eines Urteils auffahren kann, da es keinerlei Rechtswirkung zeitigt, insbesondere nicht vollstreckt werden kann.

These 3: Die Grundsätze der Strafzumessung werden nicht berührt

Die Schuld des Täters ist die Grundlage für die Zumessung der Strafe (§ 46 Abs. 1 StGB). Der Katalog der Schuldmerkmale (§ 46 Abs. 2 StGB) ist auch für die Strafzumessung bei der Verständigung zu beachten; die Strafe muss schuldangemessen sein.[26] Die Feststellung der Schuld ist wesentlicher Teil der Beweisaufnahme. Ohne dass das Gericht Tatsachen zur Motivation des Angeklagten, zu der Tatsituation, zu seinen sozialen und wirtschaftlichen Verhältnissen, zur kriminellen Energie usw. erhebt, kann es keine Strafe festsetzen. Der äußere Tathergang allein ist keine ausreichende Grundlage für die Feststellung der Schuld und damit die Bemessung der Strafe. Das Geständnis ist nur ein Kriterium der Strafzumessung, wenn auch ein wesentliches. Das Geständnis im engeren Sinne bezieht sich darauf, dass der Täter einräumt, die Tat begangen zu haben. Ein vom Verteidiger verlesenes Geständnis oder seine Erklärung, die vom Staatsanwalt verlesene Anklage werde eingeräumt, reicht nicht aus. Zwar hat der Deutsche Bundestag bei der Beratung des Gesetzes über die Verständigung abgelehnt, ein sog. qualifiziertes (also vom Angeklagten selbst abgegebenes) Geständnis zur Voraussetzung für eine Verständigung zu machen; das Gericht entscheidet aber jeweils, welche Qualität eines Geständnisses es für eine Verständigung als ausreichend erachtet.

Praxistipps

- Wie verhalten sich Schöffen bei einer Absprache? Als Mitglieder des Gerichts sind sie an allen Beratungen und Besprechungen über eine Verständigung zu beteiligen. Einer Aufforderung, den Verhandlungsraum zu verlassen, müssen sie nicht Folge leisten. Dennoch außerhalb des Saales stattfindende Absprachen sind für die Schöffen ohne Belang und Bindung.
- Fühlen sich die Schöffen nicht ausreichend informiert, um einer Verständigung qualifiziert zustimmen zu können, versagen sie einer solchen ihre Zustimmung. Da der

26 BGH, Urteil vom 28.08.1997, Az.: 4 StR 240/97, RohR 2005, S. 40.

Beschluss über die Verständigung einer Zwei-Drittel-Mehrheit im Gericht bedarf, kann sie ohne die Zustimmung beider Schöffen nicht getroffen werden.

- Sollte ohne Zustimmung der Schöffen ein Vorschlag für eine Verständigung gemacht werden, können sie dieser offen widersprechen. Das Beratungsgeheimnis wird dadurch nicht verletzt. Zum einen muss die Verständigung ohnehin in öffentlicher Verhandlung bekannt gegeben werden (Transparenzgebot); zum anderen gilt das Beratungsgeheimnis nicht für rechtswidrige Handlungen, die eine Revision begründen können.
- Auch inhaltlich können die Schöffen Einfluss nehmen. Ober- und Untergrenze der zugesicherten Strafe sind ggf. einzeln abzustimmen. Nach verbreiteter Auffassung bedürfen diese (vorbereitenden) Abstimmungen über die Strafgrenzen nur einer einfachen Mehrheit. Die Schlussabstimmung muss wieder mit der qualifizierten Mehrheit gefasst werden, sodass die Schöffen einen zu hohen oder zu niedrigen Strafrahmen ablehnen und damit verhindern können.

Teil J Besonderheiten des Berufungsverfahrens

Mit der Berufung werden erstinstanzliche Urteile des Amtsgerichts in tatsächlicher und rechtlicher Hinsicht von der Kleinen Strafkammer des Landgerichts überprüft. Die Hauptverhandlung verläuft im Wesentlichen wie das erstinstanzliche Verfahren. Teil J befasst sich mit den Besonderheiten der Berufungsinstanz.

J.1 Gegenstand der Berufungsverhandlung

Das Berufungsverfahren (§§ 312 StPO ff.) ist eine Tatsacheninstanz, d. h. das Gericht stellt alle entscheidungserheblichen Tatsachen erneut fest. Angeklagter und Staatsanwaltschaft als Berufungsführer können die Berufung auf bestimmte Beschwerdepunkte beschränken, z. B. auf einzelne Taten oder auf die Höhe der Strafe (§ 318 StPO). Die Beschränkung kann noch in der Berufungsverhandlung erklärt werden. Dann verhandelt das Gericht nur noch über die Teile des Urteils, die der Berufungsführer anficht. Die übrigen Teile werden bestandskräftig. Beschränkt der Angeklagte z. B. die Berufung auf den Strafausspruch, wird die Feststellung, dass er die Tat begangen hat, rechtskräftig und das Berufungsgericht befasst sich nur noch mit den Tatsachen, die für die Höhe der Strafe von Bedeutung sind. Bei einer Freiheitsstrafe kann sich der Angeklagte auf den Strafausspruch insoweit beschränken, dass er eine Strafe anstrebt, die zur Bewährung ausgesetzt wird. Die Berufung gegen eine Geldstrafe kann er sowohl auf die Anzahl als auf die Höhe der Tagessätze beschränken.

J.2 Verlesung des Urteils erster Instanz

In der Berufungsverhandlung übernimmt das erstinstanzliche Urteil die Funktion der Anklage. Anstelle des Anklagesatzes wird das angefochtene Urteil – ganz oder teilweise – verlesen, weil dieses nunmehr die Grundlage des Verfahrens ist. Die Verlesung wird vom Vorsitzenden vorgenommen. Er kann allerdings auch einen Schöffen bitten, das Urteil vorzulesen, z. B. bei sehr langen Urteilen oder wenn er stimmlich indisponiert ist.

J.3 Anwesenheit in der Berufungsverhandlung

Bleibt der Angeklagte, der Berufung eingelegt hat, der Berufungsverhandlung fern und hat er keine zwingenden Gründe für sein Ausbleiben, wird seine Berufung verworfen. Hat die Staatsanwaltschaft zuungunsten des Angeklagten die Berufung eingelegt, kann ohne ihn verhandelt werden. Er kann aber auch – wie in einer Verhandlung erster Instanz – vorgeführt oder verhaftet werden. Voraussetzung für eine Verwerfung der Berufung ist, dass der Angeklagte ordnungsgemäß geladen wurde, weder er noch ein Prozessvertreter erschienen sind und eine ordnungsgemäße Entschuldigung fehlt.

J.4 Vernehmung zur Sache

Äußert der Angeklagte sich im Gegensatz zur ersten Instanz nicht zu den Vorwürfen der Anklage, kann über seine damalige Einlassung Beweis erhoben werden, indem das erstinstanzliche Urteil hierzu verlesen wird.

Das Gebot der richterlichen Aufklärungspflicht (§ 244 Abs. 2 StPO) gilt auch im Berufungsverfahren uneingeschränkt. Da bereits eine richterliche Beweisaufnahme stattgefunden hat, sind einige Erleichterungen erlaubt. Protokolle über Aussagen oder Gutachten der erstinstanzlichen Hauptverhandlung können zu Beweiszwecken verlesen werden, wenn der Zeuge oder der Sachverständige nicht zur Berufungsverhandlung geladen wurden und der Angeklagte die Ladung nicht beantragt hat.

J.5 Reihenfolge der Schlussvorträge

In der Berufungsverhandlung kann die Reihenfolge der Schlussvorträge anders als im amtsgerichtlichen Verfahren sein. Zuerst plädiert der Berufungsführer, also der Verteidiger, wenn der Angeklagte das Rechtsmittel eingelegt hat. Ihm antwortet der Berufungsgegner, in diesem Fall der Staatsanwalt.

J.6 Strafzumessung: das Verschlechterungsverbot

Hat nur der Angeklagte Berufung eingelegt, ist das Berufungsgericht gehindert, über das angefochtene Strafmaß des Amtsgerichts hinauszugehen (sog. Verschlechterungsverbot). Dieses Prinzip verhindert, dass das Berufungsgericht einen Angeklagten zur Rücknahme der Berufung veranlassen kann, indem es ihm androht, im Fall der Entscheidung über das Urteil des Amtsgerichts hinauszugehen. Diese Beschränkung gilt dann nicht mehr, wenn die Staatsanwaltschaft ebenfalls Berufung eingelegt hat. Hat sie das Rechtsmittel zugunsten des Angeklagten eingelegt (was rechtlich möglich ist, in der Praxis aber selten vorkommt), gilt wieder das Verschlechterungsverbot.

Bei der Geldstrafe muss differenziert werden. Die Anzahl der Tagessätze darf wegen des Verschlechterungsverbotes nicht erhöht werden; wird sie reduziert, kann die Höhe eines Tagessatzes durchaus heraufgesetzt werden, wenn im erstinstanzlichen Verfahren die wirtschaftlichen Verhältnisse falsch ermittelt wurden oder sich inzwischen verändert haben. Hierbei darf die Gesamtsumme der im erstinstanzlichen Verfahren verhängten Geldstrafe nicht überschritten werden.

Die Freiheitsstrafe stellt gegenüber der Geldstrafe immer die schwerere Strafe dar. Eine erstinstanzlich verhängte Geldstrafe von 60 Tagessätzen darf daher vom Berufungsgericht nicht in eine Freiheitsstrafe von 2 Monaten (oder auch nur 6 Wochen) umgewandelt werden. Die Höhe der Freiheitsstrafe ist unabhängig von einer Strafaussetzung zur Bewährung zu betrachten. Eine vollstreckbare Freiheitsstrafe der ersten Instanz darf vom Berufsgericht nicht deshalb erhöht werden, weil sie zur Bewährung ausgesetzt wird.

Teil K Besonderheiten des Jugendstrafverfahrens

Das Verfahren gegen Jugendliche und Heranwachsende richtet sich nach der StPO, soweit das JGG nicht Besonderheiten vorschreibt. Das Jugendstrafrecht als eigenständiges Rechtsgebiet regelt, wie auf Straftaten Jugendlicher und ggf. Heranwachsender adäquat reagiert werden kann. Dem Erziehungsgedanken des JGG wird durch besondere Spruchkörper (Jugendgerichte), ein jugendgemäßes Verfahren sowie einen eigenen Sanktionenkatalog Rechnung getragen.

K.1 Voraussetzungen

Jugendliche (Personen vom vollendeten 14. bis zum vollendeten 18. Lebensjahr) können strafrechtlich nur zur Verantwortung gezogen werden, wenn der Betreffende „zur Zeit der Tat nach seiner sittlichen und geistigen Entwicklung reif genug ist, das Unrecht der Tat einzusehen und nach dieser Einsicht zu handeln“ (§ 3 JGG). Das Gericht muss also im Einzelfall feststellen, ob dieser Jugendliche hinsichtlich dieser Tat die hinreichende Einsichtsfähigkeit hat. Darin besteht in der Praxis bei den meisten Taten kein Problem, solange keine geistige Behinderung oder eine auffällige Reifeverzögerung festgestellt wird. Bei Jugendlichen und Heranwachsenden ist die Abschreckung kein anerkannter Strafzweck. Das Jugendgericht soll die erzieherisch günstigste Reaktion finden, um den Straffälligen zu bessern.

Personen zwischen 18 und 21 Jahren sind **Heranwachsende.** Sie werden grundsätzlich nach dem Strafrecht für Erwachsene behandelt, es sei denn, dass bei ihnen Reifeverzögerungen festgestellt werden oder es sich bei der Straftat um eine sog. jugendtümliche Verfehlung handelt. Das wird im Einzelfall festgestellt; über die Behandlung nach Jugendstrafrecht darf keine Verständigung getroffen werden.

K.2 Öffentlichkeit

Im Unterschied zum allgemeinen Strafverfahren finden Verfahren gegen Jugendliche immer unter Ausschluss der Öffentlichkeit statt (§ 48 Abs. 1 JGG). Der Schutz des Jugendlichen ist dem Gesetzgeber wichtiger als die Kontrolle des Gerichts durch die Öffentlichkeit. Sind Jugendliche aber gemeinsam mit Heranwachsenden oder Erwachsenen angeklagt, ist das Verfahren öffentlich (§ 48 Abs. 3 JGG). Die Öffentlichkeit kann ausgeschlossen werden, wenn dies im Interesse der Erziehung des Jugendlichen geboten ist.

K.3 Erziehungsberechtigte und gesetzliche Vertreter

Die Erziehungsberechtigten und gesetzlichen Vertreter haben das Recht, an der Hauptverhandlung teilzunehmen (§ 50 Abs. 2 JGG), und sind mit eigenen Rechten ausgestattet. Auf Verlangen müssen sie vom Gericht gehört werden, können Fragen und Anträge stellen und sind berechtigt, Rechtsmittel gegen das Urteil einzulegen (§ 67 JGG).

K.4 Jugendgerichtshilfe

Für das Jugendstrafverfahren wurde eine besondere Einrichtung – die Jugendgerichtshilfe (§ 38 JGG) – geschaffen, die beim Jugendamt angesiedelt ist und die Jugendhilfe mit dem Jugendstrafrecht verzahnt. Die Jugendgerichtshilfe hat eine eigenständige Position im jugendgerichtlichen Verfahren und soll Hilfe sein für den Jugendlichen und die Justiz. In ihrer Funktion als Ermittlungshilfe beschafft sie Erkenntnisse über die Persönlichkeit des Jugendlichen (§ 43 Abs. 1 JGG). In der Hauptverhandlung berichtet der Vertreter der Jugendgerichtshilfe über die Ergebnisse und gibt wichtige Hinweise für die Entscheidung des Gerichts. Dabei sollen „die erzieherischen, sozialen und fürsorgerischen Gesichtspunkte im Verfahren vor den Jugendgerichten zur Geltung" gebracht werden (§ 38 Abs. 2 JGG).

Darüber hinaus nimmt die Jugendgerichtshilfe verschiedene Aufgaben wahr, z. B. die Überwachung der Auflagen und Weisungen sowie die Betreuung des Jugendlichen während des Vollzugs der Jugendstrafe und der Bewährungszeit.

K.5 Einstellung des Verfahrens

Das Jugendstrafrecht bietet gegenüber dem allgemeinen Strafverfahren weitere Möglichkeiten der Verfahrenseinstellung. Nach § 47 JGG kann das Gericht mit Zustimmung der Staatsanwaltschaft das Verfahren unter den Voraussetzungen des § 153 StPO (siehe E.4) einstellen,

- wenn die erzieherische Maßnahme eine Entscheidung durch Urteil entbehrlich macht,
- das Gericht eine Entscheidung durch Urteil für entbehrlich hält oder
- wenn der Angeklagte mangels Reife strafrechtlich nicht verantwortlich ist.

Die Vorschrift gilt auch für Heranwachsende, auf die Jugendstrafrecht zur Anwendung kommt.

K.6 Vorläufige Freiheitsentziehung

Gegen einen Jugendlichen, bei dem die Verhängung von Jugendstrafe zu erwarten ist, kann die einstweilige Unterbringung in einem Heim der Jugendhilfe angeordnet werden, um den Jugendlichen vor einer weiteren Gefährdung seiner Entwicklung zu bewahren (§ 71 Abs. 2 JGG). Sie kann auch anstelle eines Haftbefehls gegen den Jugendlichen angeordnet werden, wenn zwar die Voraussetzungen des Haftbefehls vorliegen, aber die mildere Form der Heim-Einweisung an Stelle der Untersuchungshaft ausreicht (§ 72 Abs. 4 JGG).

K.7 Sanktionen gegen Jugendliche

Über die formellen jugendrechtlichen Sanktionen wird nur ein kursorischer Überblick gegeben.[27]

K.7.1 Der Erziehungsgedanke im Jugendstrafrecht

Normverstöße gehören fast zwangsläufig zur Entwicklung eines jungen Menschen. Das Jugendstrafrecht will schädlichen Tendenzen entgegenwirken, nicht stigmatisieren, nicht sozial ausgrenzen. Deshalb ist das Jugendstrafverfahren zuvörderst dem Erziehungsgedanken verpflichtet (§ 2 Abs. 1 JGG). Dies kommt insbesondere bei den Sanktionen zum Ausdruck. Es gibt zunächst die informelle Sanktionierung, indem das Gericht das Verfahren einstellt (§ 47 JGG), ggf. dem Jugendlichen Auflagen macht oder Weisungen erteilt. Formell strafende Sanktionen sollen zurückstehen, wenn andere Reaktionen ausreichen. Die Höchst- und Mindeststrafen des allgemeinen Strafrechts gelten im Jugendstrafrecht nicht. Auch eine Geldstrafe kann gegen Jugendliche nicht verhängt werden. Im Übrigen muss das Jugendgericht mit der Strafe besonders verantwortungsbewusst umgehen.

K.7.2 Erziehungsmaßregeln

Als mildeste formelle Sanktion können Erziehungsmaßregeln (§§ 9 ff. JGG) verhängt werden:

- Weisungen (§ 10 JGG): Erbringung von Arbeitsleistungen, Betreuungsanweisungen, Absolvierung sozialer Trainingskurse (insbesondere Anti-Gewalt-Kurse), Täter-Opfer-Ausgleich, Teilnahme am Verkehrsunterricht, Anweisung einer heilerzieherischen Behandlung oder einer Entziehungskur;
- Hilfe zur Erziehung (§ 12 JGG): Erziehungsbeistandschaft, Heimerziehung, betreutes Wohnen.

K.7.3 Zuchtmittel

Auf der nächsten Sanktionsstufe kommen Zuchtmittel (§§ 13 ff. JGG) von der einfachen Verwarnung über Auflagen bis zum Jugendarrest in Betracht:

- Als Auflage können Schadenswiedergutmachung, Entschuldigung beim Verletzten, Arbeitsleistungen oder Zahlung einer Geldbuße an eine gemeinnützige Organisation in Frage kommen (§ 15 JGG).
- Jugendarrest wird als Freizeitarrest (1 oder 2 Freizeiten am Wochenende), Kurzarrest (bis zu 4 zusammenhängende Tage, wenn die berufliche oder schulische

27 Einen ausgezeichneten Überblick über das Jugendstrafverfahren bietet *Heribert Ostendorf*, Jugendstrafrecht, 7. Aufl., Baden-Baden 2013.

Situation dadurch nicht beeinträchtigt wird) oder Dauerarrest (mindestens 1 Woche, höchstens 4 Wochen) vollstreckt (§ 16 JGG).

K.7.4 Jugendstrafe

Jugendstrafe ist der Freiheitsentzug in einer Jugendstrafanstalt. Sie wird verhängt, wenn wegen vom Gericht erkannter schädlicher Neigungen Erziehungsmaßregeln oder Zuchtmittel zur Erziehung nicht ausreichen oder wegen der Schwere der Schuld eine Strafe erforderlich ist (§ 17 Abs. 2 JGG). Jugendstrafe beträgt im Minimum 6 Monate, im Höchstmaß 5 Jahre, bei Kapitaldelikten bis zu 10 Jahren.[28] Die Dauer der Jugendstrafe ist so zu bemessen, dass eine erzieherische Einwirkung möglich ist (z. B. eine Berufsausbildung). Drei Komponenten bestimmen das Maß der Jugendstrafe: die beabsichtigte Erziehung, das Maß der durch die Tat begangenen Schuld und das Prinzip der Verhältnismäßigkeit.

Jugendstrafe bis zu 2 Jahren kann zur **Bewährung** ausgesetzt werden (§ 21 JGG). Voraussetzung hierfür ist die Erwartung, dass der Jugendliche (oder der ihm gleich stehende Heranwachsende) auch ohne den Vollzug der Jugendstrafe künftig ein straffreies Leben führen wird. Da sich die Entwicklung eines Jugendlichen noch mit einer sehr viel größeren Dynamik vollzieht als bei einem Erwachsenen, darf die Wahrscheinlichkeit künftigen straffreien Lebens nicht zu hoch angesetzt werden. Zweifel daran, ob die Tatsachen, die eine solche Erwartung begründen können, einer Prüfung standhalten, müssen sich zu Gunsten des Angeklagten auswirken.

Hat das Gericht Zweifel an dem Umfang der schädlichen Neigungen, kann es die Schuld des Jugendlichen im Urteil feststellen, die Entscheidung über die Verhängung der Jugendstrafe jedoch für eine bestimmte Bewährungszeit aussetzen (§ 27 JGG). Bewährt sich der Jugendliche innerhalb der vom Gesetz festgesetzten Frist unter der Aufsicht eines Bewährungshelfers, wird der Schuldspruch getilgt (§ 30 Abs. 2 JGG).

Die Jugendstrafe wird als sog. **Einheitsstrafe** verhängt. Wird ein Jugendlicher wegen mehrerer Taten bestraft, wird eine einzige Strafe festgesetzt und keine Gesamtstrafe gebildet. Auch eine evtl. noch nicht vollstreckte frühere Verurteilung wird in die aktuelle Strafe einbezogen (§ 31 JGG). Die Strafrahmen des allgemeinen Strafrechts gelten im Jugendstrafrecht nicht. Der Strafrahmen bei Jugendlichen ist immer zwischen 6 Monaten und 5 bzw. 10 Jahren; er kann durch besonders schwere oder minder schwere Fälle weder über- noch unterschritten werden.

Eine Erweiterung erfährt die Jugendstrafe gegen Heranwachsende. Bei ihnen gilt generell eine Höchststrafe von 10 Jahren, die in Fällen von Mord bei besonders schwerer Schuld auf 15 Jahre ausgeweitet wird (§ 105 Abs. 3 JGG). 2012 hat der Gesetzgeber den sog. **Warnschussarrest** eingeführt (§ 16a JGG). Dieser kommt zur Anwendung bei ei-

28 Das sind Verbrechen, die im allgemeinen Strafrecht im Höchstmaß mit mehr als 10 Jahren bedroht sind.

ner Jugendstrafe, die zur Bewährung ausgesetzt wird, bei der Bewährung vor der Jugendstrafe und bei der vorbehaltenen Aussetzung der Jugendstrafe. Da der Jugendliche nach dem Willen des Gesetzgebers sofort eine Sanktion spüren, insbesondere eine Vorstellung vom Freiheitsentzug bekommen soll, wird der Jugendstrafe der Vollzug eines Jugendarrestes vorgeschaltet, und zwar in allen Formen als Freizeit-, Kurz- und Dauerarrest.

ABKÜRZUNGEN

a. A.	anderer Ansicht
Abs.	Absatz
Art.	Artikel
Az.	Aktenzeichen
Bd. 1	Fit fürs Schöffenamt. Band 1
BGH	Bundesgerichtshof
BGHSt	Entscheidungen des Bundesgerichtshofes in Strafsachen
BGHZ	Entscheidungen des Bundesgerichtshofes in Zivilsachen
BtMG	Betäubungsmittelgesetz
BVerfG	Bundesverfassungsgericht
BVerfGE	Entscheidungen des Bundesverfassungsgerichts
BZRG	Bundeszentralregistergesetz
d. h.	das heißt
DRiG	Deutsches Richtergesetz
EGMR	Europäischer Gerichtshof für Menschenrechte
EMRK	Europäische Menschenrechtskonvention
evtl.	eventuell/e/s
f., ff.	(fort)folgende
GA	Goltdammer's Archiv für Strafrecht
GG	Grundgesetz
ggf.	gegebenenfalls
GVG	Gerichtsverfassungsgesetz
i. V. m.	in Verbindung mit
JGG	Jugendgerichtsgesetz
LG	Landgericht
NJW	Neue Juristische Wochenschrift
Nr.	Nummer
NStZ-RR	NStZ-Rechtsprechungs-Report Strafrecht
OLG	Oberlandesgericht
Rn.	Randnummer
RohR	Richter ohne Robe
S.	Seite/n
sog.	so genannte/n/r/s
StGB	Strafgesetzbuch
StPO	Strafprozessordnung
StraFo	Strafverteidiger Forum
StV	Strafverteidiger
u. a.	unter anderem
usw.	und so weiter
z. B.	zum Beispiel

SACHREGISTER

George Andoor

Laien in der Strafrechtsprechung

Eine vergleichende Betrachtung der Laienbeteiligung an deutschen und englischen Strafgerichten

Die Beteiligung von Laien an der Rechtsprechung der Strafgerichte hat eine lange Tradition. Während in Deutschland an Amts- und Landgerichten Schöffen gemeinsam mit Berufsrichtern Recht sprechen, wird diese Aufgabe an englischen Friedensgerichten, den *magistrates' courts,* ausschließlich von Laienrichtern wahrgenommen. Weithin bekannt sind auch die mit Geschworenen besetzten *juries* am englischen *Crown Court.*

Ist diese Laienbeteiligung ein zwingendes Gebot der Demokratie, welches unabdinglich für die Legitimation des Strafverfahrens ist, oder handelt es sich hierbei lediglich um ein unnötiges und romantisiertes Relikt aus der Entwicklung der modernen Strafrechtspflege?

Der Autor untersucht die historischen Grundlagen der Laienbeteiligung in beiden Rechtsordnungen und verortet ihre Beteiligungsformen in den jeweiligen Gerichtsverfassungen. Analysiert werden die Modalitäten ihrer Berufung, ihre Funktionen in beiden Rechtsordnungen sowie die eigentliche Notwendigkeit ihrer Beteiligung.

2013, 126 S., kart., 19,80 €, 978-3-8305-3234-7